叙事与情感

经典欧美文学作品新诠

韦　虹◎著

安徽师范大学出版社
ANHUI NORMAL UNIVERSITY PRESS
·芜湖·

图书在版编目(CIP)数据

叙事与情感:经典欧美文学作品新诠 / 韦虹著 .—芜湖:安徽师范大学出版社,2022.3
ISBN 978-7-5676-5552-2

Ⅰ.①叙… Ⅱ.①韦… Ⅲ.①欧洲文学—文学欣赏②文学欣赏—美洲 Ⅳ.①I106

中国版本图书馆 CIP 数据核字(2022)第 009906 号

XUSHI YU QINGGAN JINGDIAN OUMEI WENXUE ZUOPIN XINQUAN

叙事与情感:经典欧美文学作品新诠

韦　虹◎著

责任编辑:吴　琼　　责任校对:汪碧颖
装帧设计:丁奕奕　　责任印制:桑国磊
出版发行:安徽师范大学出版社
芜湖市北京东路1号安徽师范大学赭山校区
网　　址:http://www.ahnupress.com
发 行 部:0553-3883578　5910327　5910310(传真)
印　　刷:苏州市古得堡数码印刷有限公司
版　　次:2022年3月第1版
印　　次:2022年3月第1次印刷
规　　格:700 mm × 1000 mm　1/16
印　　张:15
字　　数:200千字
书　　号:ISBN 978-7-5676-5552-2
定　　价:45.00元

自　序

古往今来的有识之士向来非常注重人生轨迹，一个人生命当中所做的重要抉择则是决定其人生轨迹的枢纽。被誉为中华文化源头活水的《易经》里就有“君子慎始。差若毫厘，谬以千里。”之说。唐代诗人戴叔伦的《行路难》里亦有“出门行路难，富贵安可期……扬雄闭门空读书，门前碧草春离离……”等诗句。著名美国诗人罗伯特·弗罗斯特的名诗《那条未选之路》里恰巧也蕴含语义相似的内容。笔者将其翻译如下：

黄色树林分出两条岔路，
很遗憾我不能同时走两条
孤身一人，我良久地伫立
并向着其中一条极目望去
直到它转弯消失在丛林；
我望向几乎相同的另一条，

一条或更有理由选择的路，
因为它芳草萋萋少有光顾；
尽管一旦有人从那儿走过
终会将其踩踏得分毫无差，
那日清晨两条路同样伸展
没有脚步曾踏黑上面落叶。
哦，我留下第一条给来日！
虽然深知道路绵延无尽头，
且疑自己可否再走回头路。
我或会一声叹息回顾往事，
在那以后多年的某个地方：
一片树林两条岔路，而我——
我选择了人迹罕至之路
而那使得一切迥然不同。

在高校外国语学院任教30余载，弗罗斯特的这首诗如同许多经典诗作一般，深为我和许多同事欣赏与喜爱。多年来，尽管深知这首诗并非如其字面意义那般简单率真，但是在给我所接触的每一届新同学上课时，我都喜欢把它当作一首励志诗，和同学们一遍遍重读，甚至还曾经向他们介绍过深有此诗韵味的国内军旅歌曲《无名小路》。

其中主要原因在于，从英美文学学习及研究的专业角度来说，弗罗斯特显然深刻领悟了人生旅途的种种艰难，并简言妙语地表达了旅途岔路口的选择至关重要。对于英语系的师生而言，学习和理解这首诗无疑既对我们了解和对比中外名家名作有所帮助，又能够启发我们慎重对待人生的选择。因为我们每一个人一旦做出了选择，那么就应当铭记弗罗斯特在名为《雪夜林中驻足》的另一首诗歌结尾中所言，“树林可爱、幽暗而深沉，/但我却仍肩付种种承诺，/要赶许多里路才能安眠。”为此可以说，选择即意味着一种无言而却庄重的承诺，它要求人们沿着自己所选道路前进，勇敢而顽强地承担起选择的责任。

此次将我本人业已发表的论文汇集成书出版，既有反馈上述名家所言，来表达自己对人生道路的万千感慨之意，也试图借此机会，重温和加强学习“君子慎始”等中华优秀文化传统。其目的则是在汇报总结自己以往学习心得和反思不足的同时，自行鞭策，并告诫自己仍然是学识浅薄的行路人，而前路依然任重道远，需要好好静下心来，努力深入钻研，进一步在自己所选择的道路上创新探索。经过多日斟酌，本人虽然已发现以前所发表成果中尚有不少浅薄和谬误之处，并将其中一些尽力做了勘误校正，却因洞察力及领悟力不足等原因，仍然难免在行文等方面有所欠缺。尤其是当我还是一个刚刚本科毕业不久的高校青年教师时，在学术规范和专业修养等各方面积累均不足，所发表学术见解更是缺漏重重。不过考虑再三，还是决定将自己所走学术之路呈现出来，为自身学术养成过程中点点滴滴的收获和思考做一次剖白，恭请诸位大家批评指正。

本书分为家庭叙事、社会历史文化叙事和美学哲学三个篇章，共计11篇文章，主要内容原载于《国外文学》《安徽师范大学学报》（人文社会科学版）、《暨南学报》（哲学社会科学版）、《西北师大学报》（社会科学版）等国内重要学术期刊上。由于编辑体例所需，本书对已发表论文内容做了一些增加及删改，有的还做了补充说明。

衷心感谢安徽师范大学出版社张奇才社长、戴兆国总编辑和吴琼编辑及时提出的宝贵建议及意见，并鼎力相助，方使本书得以顺利出版！

韦　虹

二〇二一年十月十三日

目　录

家庭叙事篇

本篇从《奥赛罗》所叙述的男女主人公爱情悲剧，世界流行童话故事《白雪公主》对继母形象的刻画，《死者》中的家庭圣诞聚会描写等内容，反观英国剧作家威廉·莎士比亚、东欧无名童话作者，以及爱尔兰著名作家詹姆斯·乔伊斯等作家创作的历史背景、人物故事情节构架及文学作品的社会批判意义等，探索长期以来深受学界关注的家庭故事中所隐含的复杂文本寓意。

《奥赛罗》爱情故事的悲剧内涵[①]

英国伟大剧作家和诗人威廉·莎士比亚的著名悲剧《奥赛罗》自1604年问世以来，在世界范围内产生了广泛而深刻的影响。四百多年来，许多国家都上演过该剧，有的甚至将其拍成了电影。我国文艺界也曾多次将该剧搬上戏剧舞台。国内外学术界对于此剧的研究一度较多集中于其中人物性格的缺陷，如奥赛罗的嫉妒、轻信和粗暴，小人伊阿古的诡计多端，以及泰丝德蒙娜的天真、脆弱与不善沟通等。从人物塑造和剧情发展来深入理解《奥赛罗》的人士还常常将此剧归为性格悲剧一类。但《奥赛罗》并不纯粹是所谓的性格悲剧等。实质上更加可能的是，莎士比亚试图借助奥赛罗和泰丝德蒙娜之间夫妻关系奇特的形成方式、发展与巨变，思考女性的疏忽易酿成大错甚至罪祸而为自身带来毁灭性的悲剧，从而对当时英国社会展开深

① 本文部分内容原载于《中国戏剧》2007年1月第1期，第63—64页，原文与黄顺红合著。收入本书时有改动。本文所讨论的《奥赛罗》文本均来自William Shakespeare. Othello[M]. London: Penguin Books Ltd, 1994.

刻批判。

公元1601年，在英国埃塞克斯起义爆发的前一天，有人曾出资四十先令，要求伦敦的一个剧院上演莎士比亚创作于1595年的《理查二世》。这是一部以颠覆王朝权力为主题，反映14与15世纪英国政局动荡不安社会现状的历史剧。虽然埃塞克斯起义很快被镇压下去，但是在得知剧院甚至伦敦的大街小巷曾经在起义之前演出了多场《理查二世》的消息之后，历经政治风波的伊丽莎白女王开始意识到，舞台上的理查二世是在影射她。①

在1604年，即起义失败三年之后，莎士比亚以东欧民间传奇为蓝本，完成了著名悲剧《奥赛罗》的创作。该剧在以突转为契机进行巧妙布局的基础上，不仅成功地架构了一个曲折动人的爱情悲剧，而且由于它在很大程度上表现出与《理查二世》相似的影射现实倾向，最终成为一个以夫妻情感变化来表达社会权力和支配关系的戏剧性载体。

一、以突转为契机的爱情悲剧

众所周知，只有合理地安排结构，使整个剧本情节逐渐由简单演变到复杂，并通过塑造人物性格，构思人物，揭示人物思想，树立人物形象，再加以各种偶然的插曲，才将最终取得

① 张中载，王逢振，赵国新．二十世纪西方文论选读[M]．北京：外语教学与研究出版社，2002：597.

成功架构剧本这一必然结果。而这个复杂的布局过程则需要依据特定的戏剧原则。西方最早的文学理论奠基人亚里士多德在他的《诗学》中指出，戏剧的情节或者结构，即事件的安排是戏剧艺术的第一要事。此乃戏剧的基础和灵魂，它的作用大大超乎人物性格、言辞、思想、形象与歌曲等其他五个成分。而“发现”和“突转”是剧作家们为完成戏剧布局常遵循的两个理论原则。亚里士多德认为，“发现”乃是人物或事件的被发现，指人物从“不知”到“知”的转变。“突转”则指与行动（即情节）转向相反的方向。两者都必须由情节组建的结构中产生而来，成为前事的必然或者可然的结果。而“发现”如若与“突转”同时出现，就将形成最好的“发现”。①

在这一方面，《奥赛罗》可以成为一个表现“发现”和“突转”的极佳范例，因为它创作的成功与其独特的情节布局是分不开的。许多评论家指出，该剧本来源于当时流传极广的若干个民间故事。《莎士比亚的叙事与戏剧出处》一书记录了三个与《奥赛罗》相关的故事。②值得注意的是，尽管这三个民间故事情节与结局略不相同，但有一点却几乎完全一致。那就是起初相爱的男女主人公在家庭出身背景上存在巨大的落差。在这三个故事中，女主人公的社会地位都远远高于男主人公。女方家

① 亚里士多德，贺拉斯．诗学诗艺[M]．罗念生，杨周翰，译．北京：人民文学出版社，1962：20—34.

② Bullough Geoffrey, eds. Narrative and Dramatic Sources of Shakepseare [M]. New York: Columbia University Press, 1973.

庭只是出于对女主人公的极大宠爱，才迫不得已出面帮助男主人公谋得一官半职，并设法抬高其社会地位。

然而，在莎士比亚的剧本里，男主人公奥赛罗却在一出场就已经凭借自己过人的胆识和强壮勇猛被晋升为将军，并且手下还有一队欧裔白种人为其效力。不仅如此，他此时的社会地位，即使比不上爱恋他的泰丝德蒙娜的叔叔和父亲，也不会与他们有太大悬殊。从第一幕第三场，奥赛罗向威尼斯公爵请求在他出征期间给予他的妻子理应享有的住房待遇上来看，他有为自己家庭成员赢得体面而舒适生活的资质和能力。这些细节说明该人物在经济上也与民间故事里的男主人公相差甚远。

可是，尽管奥赛罗自幼身经百战，但莎士比亚的剧本却几乎没有对这位常胜将军的威严与荣耀进行描述。恰恰相反，奥赛罗在舞台上的首次亮相就是面对貌似忠诚善良，实则无比奸诈且心狠手辣的下属伊阿古对他极为不利的伪善劝告。紧接着，奥赛罗便要与其准岳父布拉班修尴尬地相遇，并在众多下属和正在四处寻找他紧急商讨国是的威尼斯各级官员在场的情况下，忍受布拉班修对他的破口大骂。这场喧嚣热闹的翁婿初次会面最终还以二人对簿公堂而宣告结束。这一幕所描写的每一件事都突发而至，而且一件比一件更为紧迫，使有关奇异婚配的整个剧本从一开始就进入紧张的情节，让正憧憬着浪漫婚姻开端的奥赛罗措手不及。诸多突转的情节更让观众或读者意想不到，剧本的悬念为此大增。

在这样的背景下，奥赛罗似乎被放进了一个反常的怪圈。他的下属伊阿古多次背地里称他为“一匹老黑公羊”或“公羊”。就连伊阿古的妻子和泰丝德蒙娜的侍女艾米莉亚等人后来也多次不敬地称呼奥赛罗为“那摩尔人”等。这些称谓大大出乎观众或读者意料，因为他们不是与低级动物相关，就是明显聚焦遭受欧洲人极端蔑视的非洲族裔，均不应当用来称呼一个勇于赴汤蹈火，并在危难时刻救人民于水火之中的将军。这一方面说明，皮肤漆黑且来自异邦的奥赛罗从来就没有真正被其他人物视作一个拥有威严与荣耀的虎将。在剧本反常的虚构情境当中，这位将军的雄威从一开始就被一扫而空。普通读者从中所领悟的是——由于出身背景而不被众人接受认可的奥赛罗几乎一无是处，只剩下作战勇猛这个唯一的长处，让他在威尼斯城邦遭受土耳其人侵犯时大放光彩，就连赫赫有名的显贵布拉班修此时也只好让他三分，眼睁睁地看着自己如花似玉的女儿随他而去。

另一方面，剧中多种带有贬抑、蔑视口吻的称谓还表明，不仅没人真正尊重奥赛罗，除了天真的泰丝德蒙娜一时情迷心窍外，也没有人仰慕他的勇敢。奥赛罗只是一个必须依赖的工具，这使得威尼斯公爵和众人不得不对他的婚姻做出忍让，因为在大敌当前的情形下，只有他才能带领军队出奇制胜。退一步说，即使有人真正欣赏他勇猛作战的风度，那也只限于涉世不深的泰丝德蒙娜。而这个充满天真幻想，缺乏社会和生活经验的年轻贵族女性究竟是对奥赛罗这个年近四十的异化人物本人感兴趣，还是对他所描述的遥远陌生国度里的异域风情更为关注则难以确定。因此，奥赛罗——一个没有得到任何人祝福的中年异族新郎注定会有坎坷悲剧的人生。这是剧本叙述的人物故事最终必然发生突转的一个重要因素。

奥赛罗的诸多发现则是剧本突转必不可少的起因。其中的根源则在于除典型的第一幕之外，奥赛罗从第三幕第三场就经不住伊阿古的蛊惑，开始怀疑泰丝德蒙娜对他的忠贞。他监视泰丝德蒙娜的行踪，折磨拷问她的灵魂，直至最后在第五幕几经犹豫，终于下定决心扼杀爱妻等。这些发现均使剧本的主要情节发展出人意料，并一步步将泰丝德蒙娜推向险恶的绝境。如同第一幕，整个剧本的其他部分所呈现在读者或观众眼前的也是一个个突转的情节。伊阿古则是剧情突转的总导演。在他居心叵测的精心误导下，奥赛罗每一个无形的“发现”都伴随着剧情的一次小突转。而一旦再次经过伊阿古的导演，每一个突转又孕育着一个新的“发现”。如此多次反复，最终形成了整个剧情曲折多变与跌宕起伏的局面。这是亚里士多德所说的最好的“发现”。而一次次的“发现”和“突转”导致最后结尾的大突转，又为有形的苦难悲剧最终诞生奠定了基础。

二、表现权力与支配关系的悲剧

在重现民间人物传奇故事的基础上，莎士比亚在《奥赛罗》中所刻画的男女主人公和其他人物虽然与王权无关，但他们在剧中特殊语境下的一言一行，无疑使剧本具备了某些与《理查二世》相似的文本倾向。现代西方马克思主义先驱卢卡奇认为，“伟大的文学作品不仅复现了当时的主导意识形态，而且包含了对主导意识形态的批判”[①]。这种批判使作品不是简单地模仿现实，而是帮助读者认识到社会内部的复杂矛盾，最终有助于构成作品丰富无比的潜在艺术内涵。

事实上，认识到莎士比亚剧作复杂倾向性的不仅仅只有生活在16及17世纪的伊丽莎白一世。现当代批评家也普遍认为，以莎士比亚剧作为代表的文艺复兴时期英国戏剧，尤其是历史剧和悲剧，无不饱含由经济基础和上层建筑所决定的意识形态。它们所展现的一个重要题材就是篡夺王位和王权旁落，抑或是权力的丧失或者被剥夺，其结果是使作品处处透视出深刻的权力与支配因素。这也是当代新历史主义者看重英国文艺复兴时期戏剧的一个根本原因。

介于民间传奇和历史剧之间的《奥赛罗》显然延续了莎士比亚剧作的创作传统。表面上，它描写的是年轻威尼斯女贵族

① 张中载，王逢振，赵国新. 二十世纪西方文论选读[M]. 北京：外语教学与研究出版社，2002：367.

和出身非洲摩尔部落首领之子之间的奇异爱情故事。但实际上，在威尼斯城邦遭受外族入侵的文本语境下，莎士比亚对剧中人物，尤其是对女主人公多次越界行为的叙述，及其染指原本应由奥赛罗主导公共场所话语的描写，均使该剧本超越了爱情故事的界限。由男主人公奥赛罗所代表的非裔边缘文化，与女主人公泰丝德蒙娜所代表的欧洲主流文化之间不可避免的角力是剧本的潜文本越来越突显的重要内容。剧本的故事情节、人物塑造和事件背景及经过等也表现了这一点。而轻视甚至试图否定奥赛罗至尊的指挥与领导权力则是其中的重中之重。

福柯认为，传统意义上的否定式权力包括国家权力、王权和法权等。其本质是镇压、消灭、抹杀及否定，是暴力工具的运作与功能，简称生命权力（bio-power）。其主要对象是人的生命。[①]《奥赛罗》展现的正是这种否定式权力。首先，该剧虽然以男主人公的名字命名，但是其中每一幕的第一场及其随后的各场却几乎均以泰丝德蒙娜为主要线索，剧情也总是围绕她或者与她相关的事件展开，而奥赛罗并没有成为情节的中心。这说明奥赛罗的故事存在一个被动的起因。该人物在剧中的重要性则从一开始就位于女主人公之后，处于受压制遭排挤的地位。

而令人深感遗憾的是，泰丝德蒙娜似乎根本没有意识到这一点。作为主流社会统治阶层的一员，她显然不自觉地将主流文化的维系及其自身和家族利益放在第一位，却大大忽略了奥赛罗所

① 福柯.性经验史：增订版[M].余碧平，译.上海：上海人民出版社，2002：103.

代表的边缘文化在整个威尼斯社会文化中的建构作用，从而屡次无意识地压制与剥夺奥赛罗的男性主导行为及话语权，并在无形之中，将自身和奥赛罗对立起来。泰丝德蒙娜对自身越界话语和行为的无意识，导致她时常做出不合时宜或者与其身份不符的举动。例如，她不断地为凯西奥求情就是其中最为典型的一个方面。最终，当奥赛罗不堪种种迷雾困惑，开始发泄对她积蓄已久的不满，甚至孤注一掷地反击时，就会产生难以预估的话语或者行为暴力。此外，泰丝德蒙娜无意识的越界话语和行为产生得越多，越频繁，也就越容易导致始终不甘心放弃自身支配权力的奥赛罗越发走向其男性霸权的极端。于是，恩爱夫妻反目成仇的结果必然是两败俱伤。其爱情悲剧也就此转化为以奥赛罗和泰丝德蒙娜及其家族为代表的一场争夺支配权力的斗争悲剧。

在大敌当前的第一幕，威尼斯公爵派出人马四处寻找奥赛罗前去退敌，但是找到他之后却没有立刻调兵遣将，而是应泰丝德蒙娜之父布拉班修的要求，先行处理城邦公民的婚姻问题。这个明显本末倒置的情节表明，在公爵眼里，维持既有社会秩序和保护特权集团的利益高于一切。而拥有落后、野蛮非洲血统的奥赛罗和泰丝德蒙娜之间的联姻则似乎将导致城邦价值观念的混乱，危及社会秩序的稳定，并且极其可能引起其他各种严重后果。对泰丝德蒙娜垂涎已久的罗德瑞哥对奥赛罗的婚姻愤愤不平，出资要求伊阿古赶快帮助自己夺回泰丝德蒙娜的芳心，从而更加助长了伊阿古的邪恶势力，导致他有更多的机会做手脚，是奥赛罗地位岌岌可危的另一个明证。

因此，作为城邦的最高统治者，威尼斯公爵所代表的统治阶层原本不可能支持奥赛罗的婚姻。公爵超乎寻常地允诺奥赛罗的婚姻，以及他对布拉班修安抚性的话语暗示，他本想立刻行使否决权，驳回奥赛罗异族婚姻的有效性，却无奈泰丝德蒙娜坚持嫁给奥赛罗，又逢城邦正在遭受土耳其人的侵略，他才迫不得已地许可了这场婚姻。而这些隐含的情节恰好也说明，奥赛罗和泰丝德蒙娜的奇异婚配具有巨大的震撼力，它的存在与外敌入侵一样，都令威尼斯人难以接受。只不过与外敌入侵略微不同的是，奥赛罗的婚姻可能会逐渐带来某些让人意想不到的变化，但短期内则不会危及民族利益和国家安全，更不会导致既有政权在瞬间崩溃瓦解。整个剧本虽然没有明确表现威尼斯官方对奥赛罗的轻视与嫌恶，但是上述细节和恼羞成怒的布拉班修对奥赛罗的当面辱骂，以及伊阿古、罗德瑞哥、艾米莉亚等人背地里对奥赛罗毫不恭敬的话语等却多次表达了这一层潜在含义。大量隐晦传播威尼斯官方和民间基本立场的微妙情节构成了奥赛罗在夫妻之间的权力角逐中终将失败的前景。

在人物塑造方面，与前文所提到的三个民间故事相比，莎士比亚在《奥赛罗》这部典型的表现种族文化差异的剧本当中，还展现了他批判社会现实及其意识形态的倾向。当代马克思主义批评家伊格尔顿强调，文学并不纯粹是意识形态的反映，而是一种特定的意识形态。文学批评的主要任务就是要考察“文学作为一种意识形态的话语的规律”[①]。通过话语规律，作为“较为模糊的陌生‘他者’文化”[②]的一个代表，剧作家能够设法在一定程度上表现他的民族认同感。由于白色基督徒代表文明与正义，有色异教徒代表野蛮与邪恶是莎士比亚剧作的一贯立场，《奥赛罗》的人物描写也被局限在一个提前预设的语境里。在这样一种特定价值观念引导下，故事的发展自然无法超越现实的种种界限，只能被封闭在一个个狭小的空间范围里。

但莎士比亚对泰丝德蒙娜的描写却显然超越现实。根据历史资料，在中世纪中后期，欧洲妇女的大错和罪状主要有——“虚荣、骄傲、贪婪、滥交、贪吃、酗酒、坏脾气和用情不专等”。妇女一般不会在公开的社会活动中露面，她们被排除在正式、公开场合之外，不能担任法官或者行使任何权利，不能参与议会或公开集会，必须献身家庭。优秀妇女热爱并服侍丈夫，养育子女[③]。这意味着，伊丽莎白时代的女性并不享有《奥赛罗》中的女主人公泰丝德蒙娜在第二幕第一场，以及第四幕第一场在公共场所与凯西奥等人自由谈笑，或参与公共活动的权利。

实质上，澳大利亚是在1902年成为世界上第一个赋予女性选举权和被选举权的国家，而英国在1905年还将主张男女平等

① 张中载，王逢振，赵国新．二十世纪西方文论[M].北京：外语教学与研究出版社，2003:370.

② Bullough Geoffrey, eds. Narrative and Dramatic Sources of Shakepseare [M]. New York: Columbia University Press, 1973:198.

③ Callaghan Dympna. Shakespeare without Women[M]. London: Routledge, 2000:76.

的公民关进监狱，北欧女性最早于1906年方获得选举权。美国妇女则在1920年开始获得与男子平等的权利，而以崇尚自由和人权著称的法国在1944年才允许妇女参加合法选举。这些事实说明，即使在20世纪初，欧洲社会的上层妇女一般也不能自由出入公众场合，更不要说有公开发表任何言论的特权。许多名人轶事也可为证。例如，相传威廉·霍华德·塔夫脱在当选为美国第27任总统之后，在1909年3月4日的就职典礼之日，他与妻子海伦乘坐同一辆敞篷马车沿宾夕法尼亚大街前往白宫。这是美国总统和夫人首次一同在公众瞩目下返回官邸，从此以后这才作为传统延续至今。[①]由此可见，在正常情况下，比塔夫脱总统夫人早近三百年的泰丝德蒙娜在整个剧中并不应具备出席任何公共活动和发表言论的权利。她无端地再三请求奥赛罗将凯西奥官复原职也有悖常理。因此，她在第四幕当众挨打似乎是其咎由自取的一个结果，因为她多次越界的行为和话语无疑会让她至少有“滥交”和“用情不专”等嫌疑。

而剧本对奥赛罗的描写虽然与读者期待正好相反，但却与文本透露的时代背景相吻合。该人物故事发生在伊丽莎白时代或欧洲文艺复兴晚期的一个特殊历史时期。此时，欧洲大航海运动和海外殖民使自诩文明的欧洲人实质上对全球土著表现出极不文明甚至野蛮残暴的一面。欧洲人对海外人口及其财富的疯狂掠夺导致大量家庭妻离子散，这成为原本和睦安定的非洲

① 李彦华，苏真，张如先.人主白宫的人:美利坚合众国历届总统图传[M].北京:中国华侨出版社，1998.

部落社会的一个常见现象。而身为摩尔部落首领之子的奥赛罗出现在威尼斯和莎士比亚的剧本里，则是该时代的一个缩影。有资料显示，“非洲人是早期英格兰人数最多，也是最显眼的异化民族，每日都是伦敦街头一景，参与了各种形式的文化展览”①。不过此时，地位比欧洲女性还低下的非洲人，即便是这个时代“最显眼的异化民族”，也不可能真正登上英格兰舞台的边缘。它在英格兰的存在只能通过盎格鲁-撒克逊民族被间接地表现出来。而作为该民族的代表作家，莎士比亚对异族的描写向来充满局限性。这是奥赛罗人物性格复杂多变的原因之一。

通过刻画奥赛罗——异化种族中的优秀分子，莎士比亚貌似在一定程度上反映社会历史与现实生活，抨击当时英国主流社会对异化民族乃至“下等人群”缺乏正义感，并揭示人物性格的缺陷等，但实质上却更多地再现了他对统治阶层争夺社会支配权力斗争的立场。其具体操作不仅是让奥赛罗一步步进入由奸佞小人伊阿古设下的圈套难以自拔，而且使文本的话语规律多次表现为以威尼斯城邦为主宰的主流文化始终占据上风，或者处于主导地位，时刻牵动着奥赛罗所代表极少数人群及其边缘文化的方向，而孤军奋战的奥赛罗则总是处于被动失利的劣势。

在由反常情节构成的典型环境中，争夺支配权力的斗争向来充满复杂性与残酷性。这必然导致剧本反映支配与反支配的

① Yalom Marilyn. A History of the Wife［M］. New York：Harper Collins Publishers Inc., 2001:118.

夫妻关系超越其正常内涵，并在一定程度上体现作家对社会的否定和批判精神。在剧中，奥赛罗将一块绣有本民族图案，相传拥有魔法而由家族流传下来的珍贵手帕交给泰丝德蒙娜，是他极其含蓄地表达其支配地位的第一步。因为作为地位低下的异化民族或“下等人”，奥赛罗向来自上流社会的泰丝德蒙娜赠予手帕，能够使其自身转化为主动的给予者，即支配者。而泰丝德蒙娜接受手帕，则表明她接受奥赛罗的异邦文化，从而成为被动的接受者，即被支配者。在第三幕第四场，奥赛罗专门对手帕的特殊珍贵性向泰丝德蒙娜做说明，实则重申及增强了他的控制和支配欲望。然而，泰丝德蒙娜却没有特别珍爱这块手帕。她随意放置手帕，没有意识到这个爱情信物是她婚姻幸福的重要保障。这导致手帕最终被艾米莉亚轻易偷走，交给了她的丈夫伊阿古。这些线索既表明泰丝德蒙娜有意或者无意识地拒绝成为被支配者，从而否定了奥赛罗的主宰权力。同时她的行为也似乎揭示，作为剧本中唯一爱恋奥赛罗的女性，泰丝德蒙娜无意识地正面发出了对他支配权力的挑战。这是原本就没有支持者和追随者的奥赛罗在权力角逐中终将失败的重要原因之一。

第四幕中的“打”老婆是不幸的奥赛罗粗鲁地表现支配地位的第二步。据考证，在莎士比亚时代的英格兰，

不顺从的妻子是喜剧里的一个常见角色。流行的文学

> 作品教丈夫们如何征服泼悍的妻子，或者相反戏谑不懂得行使自己权威的男人。在英格兰或者北欧的大量滑稽散文、木刻画等处，常常可见穿着裤子的妻子和惧内的丈夫。一些刻薄的女人不但被再现在文本和肖像里，甚至往往由于邻居抱怨其扰乱平和生活，而当真作为“激起公愤的人”被带到法庭。①

由此可以看出，泰丝德蒙娜在第四幕第一场出入公众场合，参与奥赛罗和她的表（堂）兄弟，同时又是威尼斯派出来的高级官员洛德威克之间的会谈，并且当众提及自己丈夫和凯西奥两人不甚和睦的关系，最终招致奥赛罗的愤怒和责打本应是极为平常的事情。因为那个时代赋予了男性支配者的角色，使丈夫总是凌驾于妻子和所有家庭事务之上成为天经地义的公理，更何况泰丝德蒙娜的话语确实又超出了妻子和女性本分，让任何时代的丈夫和男性都可能妄加猜测。然而，奥赛罗打老婆的举动却引起众人极大不满，洛德威克当场表示了震惊与愤慨。相关情节实质上暗示，泰丝德蒙娜有强大的家族力量和整个威尼斯城邦做后盾，她从头至尾就根本不可能成为奥赛罗的被支配者，她的家族和威尼斯城邦也不会允许她这么做。但是她对奥赛罗的天真爱情却让她对已经被伊阿古挑唆得几近疯狂，并且丧失理智的奥赛罗毫无防范，最终她只好用生命的代价使自

① Shahar Shulamith. The Fourth Estate, A History of Women in the Middle Ages[M]. London and New York: Routledge, 2003:3.

己和所爱的人双双成为权力角逐场域的失败者及受害人。

三、重读莎士比亚的意义

在《奥赛罗》中，当男主人公不顾一切地捍卫威尼斯城邦所代表的国家领土主权时，却还要不时遭受家人、下属甚至下人的藐视，是作者表面上激化夫妻之间爱情矛盾的一种创作手段。其实质是将其中的爱情矛盾转化为更深层次的种族矛盾和社会乃至文化矛盾，并以后者为催化剂加剧前者的悲剧性结局，推动故事向人性扭曲发展，最后产生出一个极端畸变的必然结果。

奥赛罗原型虽然来自东欧中下阶层的三个民间故事，但与这三个民间故事相比，莎士比亚在虚构主人公时，为了使戏剧矛盾冲突更加激烈，显然对人物背景做了大量更改。他一方面抬高女主人公泰丝德蒙娜的家庭背景，扩大她的社会活动范围，同时却贬低身为常胜将军的男主人公奥赛罗，降格他的出身背景，直到将他彻底排除在主流社会之外，成为来自不为欧洲文明接纳的非洲野蛮部落的一员为止。其目的是让他为了被同化，得到主流社会的认可而不断地奋勇作战，而他卓越的战功和他悲惨的结局最终将形成鲜明的对比，强化其悲剧的悲剧性。

另一方面，剧作家又有意抬高奥赛罗，夸大他的军事才能，让他通过浴血奋战取得与泰丝德蒙娜相近的社会地位，为的是凸显该人物自以为获得了与泰丝德蒙娜平等的地位，但他的婚后生活却没有给他带来福音，而是让他陷入和主流社会越来越格格不入的矛盾之中。在奥赛罗等待被同化和与各种权力较量的过程中，他面临日益艰难的处境，揭示像他这样一个非裔外乡人实质上连一个欧裔白种下等人也不如。无论他怎样奋斗，他在战场之外所获得的都只能是逐步走向绝望的复杂心理境地。

通过描写奥赛罗这一异邦和异化人物失败的全过程，莎士比亚成功地揭露了自身所处时代的某些特征。而奥赛罗每一次“发现”泰丝德蒙娜所谓“行为不轨”都被狡诈的伊阿古提前做过手脚，最终导致他不明事理地扼死爱妻的悲剧故事发生突转，也使得剧本中的丈夫与妻子，父亲与女儿，岳父与女婿，爱与恨，正直与奸诈，白色基督徒与有色异邦人物，主流文化与边缘文化，同化与异化等二元对立关系有了更加深奥复杂的蕴义。人物故事中深刻的悲剧色彩则突出了作品所隐含的权力斗争内涵，使该作品加强了社会批判的力度。纯洁无辜的泰丝德蒙娜对所发生的一切阴谋毫不知情却惨死于爱人之手，遭受蒙蔽而不能分辨是非的奥赛罗在由伊阿古构陷的“知情”中致爱妻于死地的故事情节则在增强剧本悲剧效果的基础上，增添了其独到的艺术魅力。

包括《奥赛罗》在内的莎士比亚戏剧作品在我们今天看来，仍然具有深刻的教育和启迪借鉴意义。其中对于人类本性的揭示不断提醒我们，人性之所以区别于动物性，是由于人性是由人类社会的发展而逐渐形成的。人性，除了其中片面极端的动物性以外，没有一个与生俱来的“本性”，也没有一个需要我们不断探究的“终极人性”。从原始社会的“禁忌”、启蒙时代的“个性解放”到今天的“以人为本”，人性是在批判与重建、继承与发展、否定之否定等过程当中不断丰富、发展和完善的。探索与发现社会发展中的不合理因素，并对此做出合乎人性与理性的批评和批判，是每一部优秀文学作品所应该具备的内涵。而那些能够对受压迫的人性做出洞察和批判的作品，无疑有着更大的艺术魅力。

《白雪公主》的隐喻谋篇机理[①]

隐喻是一种常见的语言现象，它是以人类某一领域的经验来说明或理解另一经验领域的某种重要认知活动。经典童话中的许多隐喻就是这样的重要认知活动。它们生动地反映了人类千百年来的生活经验与人际关系，但其中再现的某些普遍社会伦理与意识形态等却未能引起足够重视。格林童话中的《白雪公主》就是其中一个典型。它对社会现实的再现与艺术虚构包含多重隐喻意义，并正如英国小说家威廉·戈尔丁在《真相的捍卫者》一文中所指出，早期愚蛮社会因疾病或孕妇生育死亡率较高，导致当时的家庭生活缺失生母成为一个常见的社会现象。而依照许多文学作品曾一度对此做出反应来看，读者还原其中的"真相"并非易事。[②]

---

① 本文原载于《安徽师范大学学报》（人文社会科学版）2017年11月第6期，第772—778页。收入本书时有删改。

② William Golding . Moving Target[M]. New York：Farrar, Straus, Giroux, 1984:95.

尽管几乎所有童话故事都在某种程度上再现社会伦理与意识形态，但长期以来，人们似乎过于看重《白雪公主》对身为继母的王后充满道德寓意的精彩反讽与抨击，却忽视了洞察其中一再出现的隐喻——“谁是最美丽的人?”[①]所折射的错综复杂内涵。从拉康与福柯等学者的视觉理论视角看去，这一外表上看来简朴直白的话语显然是这则童话的重要隐喻性语素。它隐含的“真相”揭露了白雪公主的迫害者和追杀者——王后的人生更具悲剧性。其悲剧的起因在于一面会说话的镜子奇妙地成为“美丽”的判断主体，导致陷入“美丽”欲望偏执的王后不仅无法容忍他人“美丽”镜像的存在，而且她对自我的虚空幻想也难以自控地停留在了心像诱惑阶段，只能走向可悲的毁灭。

王后最终的悲剧表明，她从未看穿镜子符咒般的隐喻断言是其自身幻象与现实对应物的载体，即镜中之像满载着国王这一他者的欲望，向她呈现的始终是自我虚构与欺骗。在对王后“美丽”欲望祛魔的过程中，童话尖锐地鞭挞了“继母”的狠毒，将她生动地符码化为充满贬义的反面类型人物。这使这个实则有关社会伦理与意识形态的童话故事跨越漫长的历史阶段和叙事空间，隐晦地成为再现至今仍留存于多种现实生活与人际关系中人性缺陷的工具。

---

① 又被译作“谁是最美的女人?”，见格林兄弟.令人战栗的格林童话：你没读过的初版原型[M].霍涛，陈兴华，译.北京：中国友谊出版公司，2010.

一、王后的“美丽”——个体形象与主体幻象对应的心像

在童话中，会说话的镜子虽然在一开始满足了王后评判自身“美丽”与否的视觉期盼，但它呈现的却是隐藏于王后内心中复杂隐秘的社会结构和人际关系，使她偏执地依赖让镜子作答的追问——“谁是最美丽的人”——给童话故事的“美丽”一词增添了特殊内涵。因为她只追求满足视觉感官的容貌美，而“美丽”镜像却喻指其追求个人心理满足，两者怪诞地结合，碰撞出人性异化的弦外之音。

英国马克思主义文论家特里·伊格尔顿曾提出，语言更是权力和行动，而不仅仅是交流的工具。一个社会的主导意识即是那个社会统治阶级的意识。①从这一点来看，王后的语言不仅是反映“权力”的社会结构，以及表现其“行动”的人际关系，更是使这一追问产生语义逆转的工具。这意味着，王后的“美丽”镜像密切关联着各种权力欲望，并能够兼具商品价值和交际作用等。而根据拉康所指出，人们在日常经验的象征效用阴影中，可以粗略地看到心像被遮掩的“面影”，镜中之像似乎是可见世界的“入口”②等观点则可发现，王后的追问敞开了一道被“美丽”面影遮掩的人性阴影，并以表面上庸俗无知的话语

① 朱刚.二十世纪西方文论[M].北京:北京大学出版社,2006:105.

② 拉康,等.视觉文化的奇观:视觉文化总论[M].北京:中华人民大学出版社,2005:3.

形式抽象地与整个故事相连，隐晦地建构了并不寓于该人物目光所看到事物之中的事物。

倘若以福柯“语言的价值在于它是物的符号”[①]等观点来看，王后的追问则是一个寓意深刻的物化语言符号，隐晦地表征了她内心时刻充满占有“美丽”的强烈欲望与失去它的极度恐惧，表明高贵一时的她不过是王宫里的一个临时人体模特儿，除了“美丽”以外一无所有。为此，童话表面的叙述模式使这一语言符号的意指功能所指向的不是拥有，而是发现、判断与欣赏“美丽”的主体。它如同魔咒一般，将王后禁锢在一个摇摆不定的“美丽”欲望循环当中，导致王后所看到镜像中的不可见性浮现出来。

这一不可见性便是国王的欲望在王后心镜中的投射。作为国王视觉霸权中的“美丽”客体之一，王后显然不可能对抗成为“美丽”参照点的任何镜像，因为形成这些镜像的女性无疑都在按照国王的指令约束和标记自己。会说话的镜子因此集国王的发声器官与视觉器官于一体，既为国王的喉舌代言，又表现他对美丽女性的凝视目光，使王后心中的“美丽”镜像最终成为表达国王欲望所借助的一个关键词语。与它相关的任何其他话语甚至行动实质上都是在叙述与重复国王的欲望，留给王后的则只有不断被动地怀疑和分裂自己的“美丽”，以及持续返回到自我对镜像的偏执虚构当中。

① 福柯.词与物:人文科学考古学(修订本)[M].莫伟民,译.上海:上海三联书店,2016:36.

国王的隐秘现身丰富了王后对“美丽”偏执的内涵与根源。著名瑞士心理学家维雷娜·卡斯特指出，在童话中，“美丽”和“幸福”是同义词，因为婚姻从来就不只意味着人应该履行的一个“社会规范”，它要表达的是一种“幸福的结合”[①]。由此可以看出，王后的“美丽”追问其实并不自私。相反，它能够从表面上是她保持容貌美的庸俗口号，潜在地转变为她自然而合法地捍卫婚姻幸福的正当内在话语意识表达，也就是拉康所说的“真实在主体中发现自己在很大程度上成为本能的合谋”[②]。

换句话说，王后因国王的凝视而分解与重组了她对自身“美丽”的向往，以及对他人“美丽”的排斥，并导致她对其他女性的“美丽”产生出原生嫉妒。原因就在于，这种“美丽”与她本能的合法“幸福”密切地相关，而其他人的“美丽”则是对二者的严重威胁。王后无疑清楚地意识到，一旦王宫里的“美丽”镜像被取代，自己就将只能无奈地接受不可能对她有利的强硬挑战。因此，白雪公主让人意外地成为“美丽”镜像的宿主，使王后很快就萌发了杀死她的可怕冲动。

但一心想迅速采取行动的王后，却似乎落入了唯恐自我“美丽”被阉割而阉割他人“美丽”的困境。由此产生的欲望偏执和心理断裂使她不可能超越个人意识醒悟阶段，实现她以长

---

① 卡斯特.童话的心理分析[M].林敏雅，译.北京：生活·读书·新知三联书店，2010：190.

② 拉康，等.视觉文化的奇观：视觉文化总论[M].北京：中国人民大学出版社，2005：12.

辈和母亲身份向人性的回归。这导致她对“美丽”原本单一的幻想停滞在了无法满足自我欲望，转而嫁祸他人的心像诱惑阶段。而外表纯洁柔弱的公主却成为她的致命对手，无情地站在了她婚姻保卫战的对立面。为此，除了一时的荣华富贵，“美丽”为王后带来的只有越来越多地保持自我容颜，以及阻止甚至扼杀他人“美丽”的二元对立悖论。而被这一悖论悬置起来的欲望联想则随即成为王后心中的一面镜子。

丧失伦理与道德判断的王后曾三次乔装，先后装扮成丑陋的商贩、老太婆和农妇等，试图戗杀与她媲美的公主。而她的无情追杀却引来了猎人及七个小矮人的同情，甚至爱上了公主的王子最终也对她做出激烈反抗。在无路可逃的反追杀过程中，王后反而成为被追杀的对象。虽然她施展充满虚构色彩的伎俩一再脱险，但这种自我阉割式的追杀却不但没能促成她对镜像的醒悟，反而使她执迷于展开受心像诱惑的自我欲望所主导的一轮又一轮疯狂行动。

从社会伦理的常规角度看去，冷酷无情的王后最终其实是输在了自己丧心病狂的虚空幻想上。因为她始终没有醒悟及认识到，与宝贵的生命和善良的人性等相比，她渴望的“美丽”无足轻重。为此，心理失衡的她才不仅持续人格断裂，而且越来越多地失去“美丽”的容颜，逐渐变得苍老甚至狰狞。迪士尼版的《白雪公主》等现代影视作品不仅包含了这些内容，生动地反映王后无视人类博爱而导致其个体形象衰变的心路历程，而且通过所有救助公主的人甚至动物所传播的仁道精神表明，王后毫不掩饰的残酷杀戮之心在使她内心的“美丽”镜像四分五裂的同时，还激发了众人对公主的同情。在所有童话版本中，第三人称叙事者一成不变地叙述恶毒的王后最终脚穿烧红的铁鞋而死的结局，就反映了恪守道德与禁忌的社会和民众严厉惩罚残忍继母的普遍伦理态度。

但从童话语境的视觉实质及根源上看，王后的认知偏执与智性判断和快速反应则事出有因，并将国王所代表的传统男权意识形态表露无遗。

二、王后的欲望——主体想象与客体幻象对应的现实

张一兵在《从自恋到畸镜之恋——拉康镜像理论解读》一文中指出，黑格尔的关系性自我意识-主奴辩证法提供的一个重要关系式是——“个人主体不能自我确立，它只是在另一个对象化了的他人镜像关系中认同自己的”[①]。而拉康在20世纪30年代以后对此做出的新发现则悬置了这种可以延迟的欲望，使自我不再是由弗洛伊德的“现实原则”组织而成的意识实体，而是一种超现实的幻象，架构的是以一系列异化认同为基础的伪自我。

根据上述推论，多个版本的《白雪公主》虽然在王后建构

① 张一兵.从自恋到畸镜之恋——拉康镜像理论解读[J].天津社会科学，2004(6)：12.

自我“美丽”镜像的复杂历程及细节上略有不同，但它们对王后欲望的心理生成和人格逻辑表现却基本一致。其中最醒目的主旨表达是，不论王后渴望“美丽”的主体意识有多么强烈，在国王的凝视下，王后的个人欲望往往都会丧失其主体性，并在被国王对象化的镜像构成关系中认同自我和他者。

童话所描写王后对镜像的偏执还可进一步说明，在以国王为想象主体的文本场域当中，转化为无意识视觉客体的王后还是其自身主体幻象的对象，即她所想象的自我在国王眼中的形象。这一想象不断地悬置或延迟她先在的意识与欲望，迫使她在对超现实幻象的异化认同中架构自我认同的伪自我，最终目的是无条件地迎合与满足国王的欲望。为此，王后便是为国王这一多变他者的视觉满足而构架的一副伪自我面具。会说话的镜子则是结合她所有心理视觉结果而产出的具体指涉物，不但隐晦地一遍遍重申复制着国王的无言要求，而且对外呈现的也是其目光所看到的“美丽”对象。

通过转述幽灵般在场的国王“话语”，普通的镜子转化为一面魔镜，并以国王传声筒的形式使之开口讲话。他的隐晦现身使有关两个“美丽”女人冲突的故事转变为表现镜子这一能指的视觉逻辑叙述。而王后则从能够思考的主体，先是转化为被国王凝视的客体，然后是被这一凝视超越的次客体。或者说，填补了国王缺失的伴侣即白雪公主生母的空位之后，王后的人生轨迹就很快被一再贬低降格，最终蜕变为丑陋恶毒的老太婆。

而这一悲剧过程产生的本质性源头则不断回指国王的凝视。

拉康曾指出，眼睛仅仅是某个东西的隐喻，或某个先于眼睛的东西，即凝视的“前存在”①。从这一视角来看，童话中魔镜呈现的对象，即王后凝视的前存在实质上是让国王心动的“美丽”女性。细心敏感的王后一定多次发现了国王目光游移的秘密与凝视规律。在对它们进行揣摩分析和暗中解读的过程中，她不自觉地成为国王目光的客体表征，不仅被这一主体所控制，而且被他目光中的期待同化。在国王君临一切的强力情感主宰下，王后伪自我的异化认同无可奈何地被迫一次次质疑甚至否定自我的美丽。

对王后而言，只有满足国王的欲望，其自我存在才能与其心理期待相一致。而国王的欲望却是难以揣测与满足的。王后对“美丽”镜像的执着追问，既表明围绕在国王身边的妩媚女性不计其数，又暗示她与国王之间存在着一种合法但却极不稳定的两性关系，随时可能葬送她未来的“幸福”。维护前者的欲望显然使她想方设法地保持与国王的关系。

对王后有利的情形是国王钟情并专宠于她，而置其他女性的妩媚于不顾。为了这一奢望，古今中外的上层女性能够借助的法宝往往只有自身的容貌。在童话中，王后铲除他人“美丽”镜像的企图就显示了诸多女性想要实现上述奢望的逻辑独白。为此，王后渴望保持的“美丽”，实质上就是要赢得国王的肯定

① 拉康，等. 视觉文化的奇观：视觉文化总论[M]. 北京：中国人民大学出版社，2005：15. 拉康更愿意将这个东西称为看者的“瞄准”。

和赞赏及其带来的“幸福”，而公主的出现则不仅使她难以梦想成真，而且影射了她必将面对的挑战当中最为艰难而又错综复杂的一面。

2004年的诺贝尔文学奖得主和奥地利诗人、小说家与戏剧家埃尔弗里德·耶利内克在《死亡与少女》一书中指出，男人的定义通常可以由其作为得到确立，而女人的定义则来自其容貌。所以男人注视女人，几乎能用凝视穿透女人的身体。[①]从这一点来说，耶利内克与拉康关于图像或凝视的背后总是有许多目光[②]的观点不谋而合。尽管二者可以让来自女性容貌背后的男性凝视颠覆女性天生爱美的无稽说辞，并说明王后“是为他人，即国王而生的”[③]，但却不能在男尊女卑的传统男权社会地位划分上让同样身为男女的国王和的王后例外。也就是说，在传统社会习俗中，普通男性一般都拥有凝视与评判女性外表的特权。而国王特殊的政治身份尤其会使他高高在上地享有大大超越普通男性的特权。这导致他对女性的凝视永远不可能产生驯服的“看”的功能。这种社会角色的巨大差异使国王和王后之间原本就不平等的性别定义更加倾向于王后的容貌。

因此，王后对“美丽”的偏执追求不仅突出了她对弱势女

① 耶利内克.死亡与少女[M].魏育青，王滨滨，译.上海：上海译文出版社，2005:59.

② 拉康在《视觉文化的奇观：视觉文化总论》一书中指出，“人的欲望就是他者的欲望”。

③ 耶利内克.死亡与少女[M].魏育青，王滨滨，译.上海：上海译文出版社，2005:17.

性社会身份充满恐惧的抗争，而且使这一欲望与身为强势男性的国王和他背后的权力画上了等号。对王后而言，失去容貌美就等于失去婚姻幸福和与此密切关联的一切合法权利。这一逻辑使王后的“美丽”成为一种换取“幸福”的可交换商品，并在某种程度上与后者等价。但对这种“美丽”永恒占有的欲望则不仅过于奢侈和无望，而且会招致诸多的苦难与危险。

镜子对白雪公主“美丽”的宣告标志着王后进行苦难抗争的开始。而痴迷于自我“美丽”的王后不可能轻易认同公主，因为允许后者存在就必将解构其自身所偏执的“幸福”神话。而王后若要还原自身的“美丽”镜像，则只有置换被公主颠倒的“美丽”主体。在童话的语境里，这一置换方式就是发生在继母和继女之间不择手段的追杀与反追杀。

三、看穿“谁是最美丽的人”——现实的祛魔

当人们认清镜子呈现的“美丽”镜像是王后所有心灵欲望增生扩散的内爆结果之后，童话对王后所处社会语境的多方映射才能得到现实祛魔。美国明尼苏达大学的德语教授杰克·齐佩斯曾指出，格林兄弟收集与研究民俗或者童话，实际上是将它们作为手段和载体，揭示把德意志民族联结起来，并表现其法律和习俗中的辞源学和语言学等事实。而口头传述的民间故事一经文本形式被解说与传播之后，其中最初的意识形态和叙

述视角便有可能被泯没或置换。但格林兄弟建构的民众言语形象却以逼真的创作手段，即以“纯洁的手”解读和破译了民间传说。其间所产生的现代性特征与历史起源，在让读者感受民间文学知识生产的主体间性或交互主体性的同时，使某种社会文化现实尽可能客观“无我”地被重构在了民众中间[①]。

这一当代民俗学的研究成果实际上与俄国著名民间文学研究者普罗普的观点相吻合。在《神奇故事的历史根源》一书中，普罗普指出，民间故事作为一种具有上层建筑性质的现象，保存了许多业已消失的社会法规、制度与生活的痕迹。因此，《白雪公主》中的王后要求猎人杀死公主，取回她的心吃掉是将她当作了祭品，这仿佛是某种类似巫术的原始献祭仪式的一部分。而七个小矮人公社式的相同生活起居方式，也影射了单身男子居住的“男性公房”。甚至，王后为了毒死公主而换装易容，制作有毒的梳子与苹果，则反映了人们的原始神话思维逻辑等。[②]

虽然不同版本的童话在若干细节上略微有所不同，但多个改编版与初版的重要不同之处却显然在于，前者均对王后进行了社会身份改写，将她所拥有的美丽、贤惠生母这一自然身份，

① 户晓辉.童话的生产:对格林兄弟的一个知识社会学研究[C]//吕薇,安德明.民间叙事的多样性.北京:学苑出版社,2006:145—171.

② 普罗普.神奇故事的历史根源[M].贾放,译.北京:中华书局,2006:8—9.普罗普还指出,民间文学的故事母题中有许多源自各种早期社会制度和法规,与《白雪公主》有关的就有孩子被送到或驱逐到树林里,改头换面和棺中美女等起源于整套授礼的活动,而王后最终被迫穿着铁鞋走路是关于死亡观念的系列等。

转变为恶毒丑陋的继母。随着童话对王后所扮演继母角色的夸大，及其对白雪公主纯洁美丽的特写与聚焦，诸多原本受到明确揭示及批判的丑陋社会阴暗面都得以隐藏起来。

为此，童话《白雪公主》实质上需要成人而不是儿童读者细心发掘，找出其表面上强调容貌之美的故事中隐秘怪诞的现实真相踪影。在该童话中，隐秘出现的蕴含传统象征意义的细节是可以帮助读者完成这一建构的。

首先，“国王”是男性象征符号的原型，[①]“王后”则如同喷泉、湖泊、海洋、河流、月亮等自然物，以及诸如篮子与杯子等器皿一样，是女性象征符号的原型。[②]在这些象征符号体系内，高贵的王后与隐秘的国王化身为拥有正常人类欲望的普通男女，而有关王室的童话则能够被普通化为搭建在民间百姓日常生活里的不寻常故事。

其次，王后制作有毒的苹果使白雪公主中毒，是由于苹果既是欲望的主要象征符号，也是“诱惑的化身”。这与基督教中的“猿”或者巨蛇口中的“苹果”象征着人类原罪的教义一致。

第三，内涵丰富的“镜子”是“真实、自视、纯洁、启蒙和先见之明”等的象征，据说能够将上天的神性反射到尘世。古人甚至认为，邪恶之人挡不住镜子的照射，其在镜中也不能

① 特里锡德.象征之旅：符号及其意义[M].石毅，刘珩，译.北京：中央编译出版社，2001:15.

② 特里锡德.象征之旅：符号及其意义[M].石毅，刘珩，译.北京：中央编译出版社，2001:12.

成像。艺术品中的镜子有时代表傲慢、虚荣或贪欲，其实具有否定含义。但在绝大多数情况下，镜子都是真理的象征，即民间所谓的镜子从不撒谎。在古代占卜中，镜子与魔法关系密切，具有推知过去、现在与未来的魔力。镜子的这些象征性工具功能无疑可帮助后人理解《白雪公主》以虚构形式对远古文化的映射及其对现实的警示。

为此，围绕“谁是最美丽的人”叙述的童话语篇在内容上可以被划入道德寓言。在传统叙事主题和情节上，它属于普洛普的无辜被放逐者的故事。而在当代的视觉空间里，它却超越鞭挞王后的邪恶欲望，以及揭示缺失生母社会现实的叙事逻辑，转化为对由男性占据支配与主导地位的传统意识形态及社会伦理的讽喻性虚构。

福柯在评论爱德华·马奈创作于1863年的《奥林匹亚》时，曾在说明不同的光源、光照/光线、目光与油画里裸体人物的相关性中指出，审美的转变能够在一定情况下引发道德丑闻。[①]这显然可以帮助人们理解《白雪公主》，认识到该童话在从叙事空间转向视觉空间的虚构过程中，谨慎而又意味深长地聚焦了王后的欲望与“美丽”镜像等叙事线索中的交互细节。深思白雪公主何以成为王后嫉妒与毁灭的对象这一外表简单可笑的问题之后，可以发现多次改编的童话呈现出明显的文本旨意。

① 米歇尔·福柯.马奈的绘画,米歇尔·福柯,一种目光[M].谢强,马月,译.长沙:湖南教育出版社,2009:35.

审美视觉的转换能够使童话中“谁是最美丽的人”寓意复杂化，并进而将其转变为一个述说伦理道德的元语言标记。而王后对它的一再重述则传达出超语言的信息意指。当相关信息与国王的凝视形成一个符号链时，“谁是最美丽的人”中意指的再功能化便立刻与国王产生隐喻关联，并最终被赋予指明和延伸的功能，组合出这一标记背后所隐蔽连接的人类龌龊欲望内涵。

在《叙述与话语符号学：方法与实践》一书中，法国学者尤瑟夫·库尔泰曾对格林兄弟的另一则与继母相关的童话《灰姑娘》进行了符号学释读。他指出，服饰与“漂亮的马车”等交通工具之所以是上等社会层次的符号，是因为它们含有“豪华”和“阔气”之意，属于“教养”和“富有”之列。而原本不起眼的灰姑娘只有在剥离了贫困、屈辱和肮脏，以及否定其低下的个人条件和可悲的仪表以后，才有可能与王子产生空间的合取，即以结婚成为她社会地位升迁的手段。[1]

库尔泰的这一阐释使通过婚姻而获得契约保障的灰姑娘与《白雪公主》里的王后拥有了一个重要共同点。这就是女性自身的诱惑力。因此，这两个童话在表现女性以“美丽”吸引王室男性的叙述程式上是基本相同的。不同的是，灰姑娘通过不同版本里的仙女/教母/母亲的好朋友等变体的帮助，实现了一个遭受继母摧残的贫贱女孩心中最大的梦想——嫁给王子。而王

① 尤瑟夫·库尔泰.叙述与话语符号学：方法与实践[M].怀宇，译.天津：天津社会科学学院出版社，2001：14—162.

后的故事则是灰姑娘的续集。她在实现这一梦想之后，又惨遭个人梦想的无情破碎，应验了奠定在容貌基石上的爱情和婚姻必将在前者逐渐丧失之后快速消失与解体的社会生活常规。

这两个童话的另一个相同点则在于它们都有一个恶毒而又颇具心机的继母。其中继母对继女虐待甚至杀戮的行为，仿佛不仅是为了强调继母丑陋的社会身份，影射她是“磨难与迫害的制造者”，还象征了继母对“生命之源”[①]这一女性本原的颠覆，蕴含着对生母身份的回归与期盼。但流行版中不幸失去生母的白雪公主在历经磨难之后，却似乎还将重复演绎邪恶王后的故事，因为她让王子无法割舍的依然只是其容貌之美。

四、结语

《白雪公主》以童话方式再现了古代已婚上层女性遭受镜像困扰的普遍心理现象。它借助对“美丽”镜像与女性内心幻象对应的描写和叙述，揭露了社会生活中的某些现实真相。多个改写版对人性可怕缺陷的抹煞，以及将王后的生母身份改写为继母等，均是为了以人心向善的意旨向读者，尤其是天真无邪的儿童展现一个充满善良、博爱和希望的理想世界。

但正如福柯所指出，虚构不在于“让人看到不可见物”，而

① 特里锡德.象征之旅：符号及其意义[M].石毅，刘珩，译.北京：中央编译出版社，2001：12.

是要“让人看到可见物的不可见性是多么不可见”[①]，《白雪公主》的当代流行版似乎完美地实现和阐释了这类虚构。它不仅以人类“既是天使，又是野兽”的帕斯卡程式[②]，隐蔽地揭示“继母”的身体和灵魂在传统意义上的二元对立，而且通过语言的谋篇布局，使其中的深层镜像信息及其演化倾向得到历史性还原。

① 福柯.马奈的绘画，米歇尔·福柯，一种目光[M].谢强，马月，译.长沙：湖南教育出版社，2009：8.

② 伊瑟尔.虚构与想象——文学人类学疆界[M].陈定家，汪正龙，等译.长春：吉林人民出版社，2011：235.

《死者》中"雪"的隐喻[①]

在由15个短篇故事所组成的小说集《都柏林人》(1914)中，爱尔兰著名作家詹姆斯·乔伊斯借助夸大各文本所针对的典型人物和事件，深刻地剖析了爱尔兰民族的精神特质，艺术性地对社会现实中毫无生气的病态道德进行了阐释。在这样的创作意图支撑下，小说集所反映的对象实质上不是作者和人物的个人幻想，或者表达以死亡为主题的主观情感论[②]，而是一次次地再现人们心灵深处长久积淀的集体无意识。爱尔兰社会曾经令人深感沉闷窒息的瘫痪现状是其中最为厚实的一部分。它使爱尔兰民族的集体无意识主题犹如一个共同的聚焦点，代表着建构这些故事的某种特殊物质的价值[③]，并成为乔伊斯建构这

① 本文原载于《外国语言文学》2009年3月第1期，第56—63页。收入本书时有改动。

② Robert Deming, eds. James Joyce: The Critical Heritag[M]. London and New York: Routledge, 1997:67.

③ Vincent Chen, Martined. Joyce in Context [M]. New York: Cambridge University Press, 1992: 73.

部"道德史"[①]的主要原因之一。

《圣经》原型是该小说集文学构成的另一个主要因素。目前，国内学界现有的研究过于关注小说集瘫痪麻痹的集体无意识，以及多个故事《圣经》中的象征意象，忽略《死者》中所蕴含的圣诞欢庆仪式本质。

因此有必要指出，小说集的诸多故事一方面一步步表现作者千方百计地以隐晦手法，深刻剖析20世纪初的爱尔兰社会各阶层普遍存在重大民族精神危机。《死者》不过是这个主题的延续，它看似不协调的篇名与故事内容之间架起的是一道揭示社会危机的桥梁。另一方面，在其他14个文本语境的衬托之下，《死者》中有关圣诞家庭聚会的故事又独立成章。在隐含固态"大洪水"和湮没忘却幻象的基质上，该小说似乎以开头与结尾纷纷扬扬不断飘洒而来的"雪"告白读者：作品的真实意义在于从借鉴同时又淡化历史和传统文明的角度，剖析和指明爱尔兰民族未来发展的希望所在。

形成这些共识之后应该不难发现，《死者》独特的圣诞欢庆仪式描写和反讽的叙事结构不仅使其中的"雪"成为一面寓意深刻的反光镜，还借此给化解民族危机指明了方向。

① Robert Scholes, A. Walton Litz, ed. The Viking Critical Library James Joyce Dubliners: Text, Criticism and Notes[M]. New York: Penguin Group, 1976:286.

一、神化人格面具背后的人物与集体无意识

通过描绘朱莉亚和凯特两位姨妈等人物困顿麻木的精神状态，《死者》在揭示爱尔兰民族集体无意识的基础上，保持了与其他故事主题上的连贯性。而小说对男主人公加布里埃尔·康罗伊等人物的塑造则不同。这些人物对生活和事业持有不同理念，说明他们是突出地游离于集体之外的个体。作为集体中的成员，他们虽然时而也暴露出集体无意识的缺陷，但在与其他人物的对照中，他们往往却又超越无形的集体无意识之网。其中，加布里埃尔和他不在场的“情敌”迈克尔·弗里不但冲出这张无形之网，还超越了与各自对应的天使原型。

加拿大批评家弗莱通过吸收荣格等前人的人类学和心理学成果，指出神话是“文学的结构因素”，文学“不过是神话的赓续，只是神话‘移位’为文学，神也相应变成文学中的各类人物”[①]。在弗莱看来，由神移位而来的文学人物必定有与神的姓名、肖像或者性格等方面的密切相关之处。乔伊斯的作品也不例外。在小说集《都柏林人》和代表作《尤利西斯》中，他多次运用了这种手段来揭示文学人物的本质和作品主题。

在《死者》中，加布里埃尔和迈克尔都与天使同名，明显与《祈祷》中的“对账本”意象共同预示了前后相邻的两个故

① 张隆溪.二十世纪西方文论述评[M].北京：生活·读书·新知三联书店，1986：63.

事在隐喻内涵上的特殊契合，并将小说集中的“神话”架构为《圣经》文学的典型构成因素。在描述披上神性外衣的人物故事与天使的对象化过程中，《死者》凭借塑造以天使为原型的人物及其批判集体无意识小说主题的交互碰撞，折射出爱尔兰人天性缺乏颠覆性和瓦解性，最多只能像加布里埃尔一样以较为激进的审美文化和自我意识为出发点，表达对旧社会体制的不满，却难以最终形成政治反抗意识的民族本性。

西方文化普遍认可“Gabriel”和“Michael”是两个负有重大使命的天使。与加布里埃尔对位的“Gabriel”在我国通常被译为加百列，是被称为“神的眼睛”的“七灵”之一[①]，以及人们常说的启示天使和报喜天使。“Michael”的地位比加百列高，是原为六翼天使的天使长米迦勒的名字。在撒旦率一部分叛乱的天使对抗上帝时，他带领天军最终击败叛乱者。在西方教堂的壁画里，他的标准形象被描绘为一手拿书（即对账本），一手拿天平，所以他是人们心目中的审判天使。

在小说文本的语境下，象征“启示”与“审判”的加布里埃尔和迈克尔构成了对人世间善恶美丑言行的见证及裁决警示，并与《祈祷》结尾的对账本情节产生了强烈的共鸣。第14个故事中的人物汤姆·凯南提出希望矫正人们“精神对账本”[②]的愿

① 胡家峦.历史的星空——文艺复兴时期英国诗歌与西方传统宇宙论[M].北京:北京大学出版社,2001:272.

② James Joyce Dubliners—with all Introduction and Notes by Terence Brown [M]. London: Penguin, 1992:174.

望，隐含着修正人们生活中偏离正统道德规范的言行，以及改变充满各种诱惑与堕落现实阴暗面的内涵。它对于个体而言，预示着人生轨迹，对集体来说，则是与个体人生有千丝万缕联系的社会现实。无论对于个体还是集体，对账本都在提醒人们：未来能否永远幸福和快乐的决定因素在于现实，这是人生未来的基石。而爱尔兰人出于畏忌对账本所产生的虔诚信仰则打破个体与集体之间的界限，反衬出现代人在追求幸福人生的过程中，频频迷失自我和产生信仰危机的现实图景。为此，加布里埃尔和迈克尔因与天使齐名而在形式上发挥重要导向性作用，既能够影射历史，又具有将现实与未来密切关联的功能，并为小说增添了可关联三者的现世砝码。

然而形式只是《死者》人物故事框架的一部分。戴上了神化人格面具之后，加布里埃尔和迈克尔所担负的不同人物角色才能使他们从实质上进一步向天使形象靠拢。前者始终深受两个姨妈的喜爱和信任，她们对他的依赖从他还未出场即为众人期盼瞩目就可见一斑。首先，他是被刻画成文质彬彬的平凡都市人，挚爱家人，对待女仆莉丽一向十分友好，几乎是每一个人的朋友，连醉醺醺的弗莱第·马林斯也被他调理得服服帖帖。亲情和友情将他紧紧地包裹在一时之间无比幸福和睦的大家庭中心。

其次，他与艾弗丝小姐的对话，以及晚餐前的即席演讲等，还使他成为博学善辩的文人和演说家。演讲所赢得的喝彩充分表明了人们对他的普遍认可。听众对他的一致赞扬进一步将其神化，使他上升到领袖的地位。如同能够“预言和解释异象”的天使加百列一般，几乎成为“真理”和“启示”化身的加布里埃尔逐渐在小说中象征了一种纯洁的希望。他包容历史、现实与未来的演讲使他成为继承先辈的创业精神与振兴家族的希望，预示了《都柏林人》里摆脱或者逃离瘫痪状态的最后一个希望[①]。

但是，这种希望却没有被建立在饱含生机的沃土之上。包括《死者》在内的整个故事集极少在象征光明和希望的明亮灯光或日光等方面着墨也仿佛暗示：由两位年迈的姨妈张罗举办的圣诞家庭聚会象征着一条由羸弱老者定好航向，且已岌岌可危的生命之舟，正茫然地朝着一个没有光明的未知方向前进，充满睿智的年轻主人公加布里埃尔此刻似乎正被推向希望的中心。他在晚餐桌前的首席座位上不乏勇气地落座和切开烤鹅，表明他接过了领航的重任，而他的演讲则预言了前途的黯淡渺茫。通过塑造这位颇有感召力的男主人公，小说将以知识分子做社会中流砥柱的理念灌输到文本中，并为结尾爱国文人发掘社会良知和正义做了有力铺垫。

相比之下，加布里埃尔不在场的“情敌”迈克尔·弗里也不再只是一个早已离开人世多年的死者。在逝去多年以后，他却还能在圣诞节期间的某个夜晚搅扰加布里埃尔和妻子格丽塔

① Richard Peterson. James Joyce Revisited[M]. New York: Toronto Twayne Publishers, 1992:34.

幸福平静的生活，并促使二人反思回顾往事，不能不让人感到人的灵魂冥冥之中始终受到某种神秘力量的牵引与制约。在《死者》中，这也是期盼美好未来的现世者对各自往事惴惴不安的主导因素。因此，迈克尔不是一个肉体消亡，只在格丽塔心里留下永恒回忆的灵魂。他给她带来的凄凉而又美好纯真的回忆使他成为她永远的精神守护神。

通过塑造这两个有文化象征含义的文学人物，文本揭示出与集体无意识产生冲突、毫不相容的个体意识存在的价值。二者的生者-死者身份包容人类一切面孔，生者对生命的孜孜探索和对死者的眷顾，以及逝者生前对人生的执着追求均烘托出圣诞晚会上众人呆滞和茫然麻木的内在精神实质，沟通了故事的篇名与内容之间的联系，使小说集幽暗的集体无意识语境闪烁出民族新生的理想火花。

二、欢庆仪式和“雪”的象征意象

弗莱认为，以原型和典型及反复出现的意象为纽带，“各个作品就互相关联，文学总体也突现出清晰的轮廓，我们就可以从大处着眼，在宏观上把握文学类型的共性及其演变”①。《都柏林人》通过对包括《死者》在内的15个故事展开民族集体无意识的剖析，所演绎的就是一个“生”与“死”的共性主题不

① 张隆溪.二十世纪西方文论述评[M].北京:生活·读书·新知三联书店,1986:62.

断演变的循环，并使其成为未来-现实和历史的代名词。

对西方20世纪50年代至80年代的乔学研究影响巨大的著名评论家、牛津大学教授理查德·埃尔曼曾明确指出，生与死的相互关系是《都柏林人》第一个和最后一个故事的主题[①]。埃尔曼对小说集生死主题的综述一方面可以作为有力论据，说明《都柏林人》的开篇《姐妹》为整个小说集奠定了"生"与"死"两个尖锐对立、彼此矛盾，同时又紧密相连的主题基质。另一方面，通过其他故事的不断演绎和《祈祷》等小说的前景透视，《死者》还绽放出对"死"的回顾和"生"的展望。但是，在小说集呼唤民族再生和复兴的大背景下，《死者》中"生"与"死"的共性主题又并非这般简单。

小说集的著名权威评论家弗洛伦斯·沃尔兹在20世纪70年代曾指出，尽管评论家们对《都柏林人》的框架和《死者》的情节构成意见基本一致，但是他们对结尾的阐释，甚至是对文本中极为重要的意象之一的"雪"却众说纷纭。在有些人看来"雪"再现"生命"，在另一些人眼里它代表"死亡"，还有一些人认为这要依赖文本的语境。沃尔兹为此指出，人们对一部作品的核心问题如此缺乏统一认识，似乎令人震惊[②]。

① Robert Scholes, A. Walton Litz, ed. The Viking Critical Library, James Joyce Dubliners: Text, Criticism and Notes [M]. New York: Penguin Group, 1976:374.

② Robert Scholes, A. Walton Litz, ed. The Viking Critical Library, James Joyce Dubliners: Text, Criticism and Notes [M]. New York: Penguin Group, 1976:423.

这个核心问题之所以曾经引起诸多争议，是因为作品不仅有各种与人物名称及“雪”等相关的原型和象征意象，还有一个重要的欢庆仪式。简·哈里逊认为，“一切伟大文学著作中都含有神话和仪式的因素”①。《死者》对在整个北半球一年当中最寒冷季节里举行圣诞欢庆仪式的描写，则既使作品既充满了对复活和新生的企盼，也包含了一种对受难和死亡的原始祭祷。

满脸皱纹且头发灰白的两个老太太步履蹒跚地出现在故事的开头，象征着受难的原始祭祷仪式的开始。她们衣着朴素，生活拮据，平时靠给小学生教风琴补贴生活，却还要年年慷慨地举办圣诞晚会，用丰盛精美的食物招待年轻客人。这种善举使她们成为喜庆的节日氛围掩盖下的悲怆老者。在《死者》之前，《姐妹》里瘫痪枯朽的老神父和他的姐妹，《伊芙澜》里暴躁衰老的父亲，《黏土》里被动孤独的女巫般老处女等典型老者原型也曾以各种不同的受难面孔出现在小说集里。小说集对这些人物外表和形体的描绘所表达的实质上是一种悲愤的控诉，预言了加布里埃尔在演讲中对历史和现实的沉痛对比。

在天使原型的加布里埃尔烘托之下，《死者》对老者原型的朱莉亚和凯特两位姨妈的描绘还使作品的另一个次主题越渐清晰。这就是集体无意识之所以能够代代相传，是因为有其相应的社会结构作支柱。它使生活在思维饱受磨难时代的年轻一代充满困扰和疑虑，并成为某种民族特质的牺牲品。因为在无知

① 张隆溪.二十世纪西方文论述评[M].北京:生活·读书·新知三联书店，1986:58.

的日常生活当中，她们发挥着集体无意识当中最坚决的支持者与传承者的作用。作为社会框架结构的一部分，她们艰辛受难的一生极大地影响着新生的后来者，成为后人一时难以逾越的社会固有模式的象征。加布里埃尔幽默地对她们表现出的爱怜与同情则使他逐渐升华为故事的英雄，即祭祷的主角。而悲怆老者的一举一动则不但使他的英雄形象再次得以升华，还联系起了作品的标题和主题。

但是，英雄形象的升华没有为文本带来光明和希望。因为加布里埃尔难以割舍的复杂情感使他无法摆脱同旧体制的关系，他充满矛盾而又不失圆滑的双重人格也使他更不可能对旧体制造成巨大冲击，这注定他只能长期处于对瘫痪现状不满，却又不愿坚决彻底地挑战矛盾的困境当中。而矛盾的出现则必将带来时间和生命的更迭，“雪”即是象征二者到来的使者。因此，《死者》的欢庆仪式是在悲怆中复演出复活和新生的主题，这使加布里埃尔的演讲实质上超出了家庭的小范围，成为民族和国家的能指，故事的边界也超越了都柏林，甚至超越了结尾所提到的整个国度。而加布里埃尔在演讲中所提及“逝去的伟人”则应该囊括爱尔兰历史上的一切英雄人物。小说对他们的回忆和怀念相当于完成了一次对死亡的深刻祭祷。

格丽塔年轻时代的恋人迈克尔在重病缠身时，仍坚持在冷雨中为她唱歌送别，导致病情恶化，是小说中另一个悲剧性受难死亡献祭的典型。但他肉体的消逝使灵魂永存。在格丽塔心里，他的人格升华使他成为一个值得永远怀念的年轻恋人，就是一种明证。这种史诗般的悲剧英雄赞歌同样加剧了作品的悲怆氛围。

不过《死者》并不是小说集里唯一探讨历史话题和悲怆老者的故事。《两个流浪汉》通过“竖琴”也提醒人们关注历史。这是因为“竖琴”是最为爱尔兰人民喜爱的乐器，被看作“天使之琴”，是爱尔兰辉煌过去的传统象征。如同在对竖琴的拟人化过程中，乔伊斯暗示了现代爱尔兰的退化[①]，在《死者》中，由多个悲怆老者点缀的文本语境也一次次地揭示出20世纪初爱尔兰的退化现实。

从神话中“神之死往往是为了拯救人类，促成新的生命”[②]来推断，《死者》通过牺牲或者殉道向新生的祭礼，以及在节日的喜庆气氛与悲怆老者原型的两个姨妈竭尽全力地准备和举办这场欢庆仪式的基质上，更多衬托出来的不是欢庆，而是对受难和死亡的祭祷。故事的标题本身也预示了献祭仪式的开始，其中不同寻常的情节布局、表达肌理和人物刻画构成献祭仪式生动的全过程，这给整个文本“雪”的意象搭建起严峻悲壮的心灵布景。

---

① Robert Scholes, A. Walton Litz, ed. The Viking Critical Library James Joyce Dubliners: Text, Criticism and Notes [M]. New York: Penguin Group, 1976: 374.

② 张隆溪.二十世纪西方文论述评[M].北京:生活·读书·新知三联书店,1986:66.

三、反讽——作品的冬天叙述结构

克林·麦考勃曾提出，在各种人物和我们自己进行对话的旧框架里，《都柏林人》形成了一种无尽的讽刺[①]，由朴实的文字和简约的句法透视而出的隐晦讽刺视角是它鲜明的特色。《死者》没有脱离这种框架。它以第三人称有限视角的叙述者口吻，讲述了一个发生在圣诞家庭聚会上的故事，是一系列“话锋尖利”（edged），犹如“长着倒刺”（barbed）般锋芒毕露的故事中的最后一个反讽[②]。

乔伊斯曾经说过，他的祖国最重要的特征在于自然的美和人民的好客与慷慨大度[③]。而后两者无疑是民族集体无意识的最集中体现，历来备受他的犀利嘲讽，也是其作品反讽的焦点之一。在继《都柏林人》之后出版的《一个青年艺术家的画像》（1916）里，乔伊斯曾将“好客”的爱尔兰描写为“吞吃了幼仔的老母猪”[④]。这显然与加布里埃尔称“好客”是爱尔兰独特而

---

① MacCabe Colin. James Joyce and the Revolution of the Word[M]. 2nd ed. New York: Palgrave Macmillan, 2003: 32.

② Michael Murphy. The Dead: Gabebashing in Joyce Country[J]. English Studies, Vol81, 2000(1):43.

③ Potts Willard. Joyce and the Two lrelands[M]. Austin: University of Texas Press, 2000:94.

④ 英文原文参见 James Joyce. A Portrait of the Artist as a Young Man[M]. New York: The Odyssey Press, 1962: 203.

又令人骄傲的传统，以及爱尔兰人应该小心翼翼地捍卫这一传统密切相关。看穿二者背后艰辛与受难本质的爱尔兰人会很难以此为荣，因为这是由作为象征悲怆老者和受难者的人们所提供的“好客与慷慨”，是导致后人成为牺牲品的根本原因之一。在《死者》中，一个专门描写肥鹅、大火腿、一块五香牛腿肉，以及果冻、果酱、水果、糖果和啤酒等丰盛食物的段落①为讥讽这两大特质埋下了伏笔。

在演讲中，加布里埃尔称两个姨妈和玛丽·简为都柏林音乐界的“美惠三女神”②同样寓意深刻。因为“美惠三女神”是青春魅力与美的象征，而早已失去青春并缺乏活力的前三者却是悲怆老者和受难者的再版。前后两组人物之间构成的巨大反差和在座的宾客们所爆发出的阵阵掌声和笑声，以及朱莉亚姨妈连听都没听懂客人们的谈笑，却也在脸上绽放出了笑容都加深了文本反讽的力度。其中貌似恰当的幽默赞美所带来的均是一个个辛辣隐晦的讽刺。

《死者》反讽的另一个焦点在于舞蹈、音乐等同样令爱尔兰人无比自豪的文化传统。早在小说集出版的当年（1914）就有人指出，“四步舞”是一种“古怪的老式舞”，当时爱尔兰的私

① James Joyce. Dubliners—with all Introduction and Notes by Terence Brown [M]. London: Penguin, 1992: 197.

② James Joyce.. Dubliners—with all Introduction and Notes by Terence Brown [M]. London: Penguin, 1992: 205.

人家庭舞会上并没有人跳这种舞[①]。为此可以判断，晚餐前人们所跳的华尔兹和四步舞明显是作者有意设计的。其目的应在于，促使文本通过源自欧陆的华尔兹与爱尔兰本土古老的“四步舞”作为人们近距离沟通的主要纽带，揭示正如上述舞蹈和跳舞的人们一般，承袭了传统文明的爱尔兰在向现代文明的过渡过程中，也必将面对历史、现实与理想之间的一次次冲突、碰撞和融合。

舞会上，现实主义的代表加布里埃尔与不切实际的空谈者艾弗丝小姐也颇为引人注目。二者的交谈行为象征着文明自由的爱尔兰与被欧陆尤其是宗主国英国所深深玷污的现代爱尔兰之间的一场对话。加布里埃尔表面上逢迎时代变革，例如他足蹬欧陆流行的套鞋，并为有非爱尔兰政治立场嫌疑的报纸写文章，但他却受到明显具有民族复兴主义倾向的艾弗丝小姐的挑战。他的言行举止表现出他既不想墨守成规，不甘愿受殖民统治奴役，同时又不愿与激进的民族复兴者为伍。艾弗丝小姐的步步紧逼对他所造成的压抑感使他最终产生了强烈的内在反叛驱动力，从而脱口说出“厌恶爱尔兰”[②]的心里话。但这不仅不能说明他与传统彻底决裂和对现实不抱幻想，反而进一步表明太多复杂的现实因素使他难以打破人们早已习以为常的社会价

① Robert Deming, eds. James Joyce: The Critical Heritag[C]. London and New York: Routledge, 1997:63.

② James Joyce. Dubliners—with all Introduction and Notes by Terence Brown [M]. London: Penguin, 1992: 190.

值观念。作为一个对民族前途充满危机意识和矛盾心态的爱国者，面对现实是他无法摆脱的宿命。

艾弗丝小姐虽然是一个超越集体无意识之网的个体，但她混杂着英国时尚的爱尔兰穿戴却与舞会毫不协调。她对加布里埃尔侦探似的提问也与她的身份和场合不符。她自以为高明地指责加布里埃尔是“西不列颠人”[①]则不仅不能说明她爱国，反而让她表现得更加不合时宜与做作。因此，尽管她的穿戴和某些言辞让她看起来像个民族复兴主义者，她暴露出的文化思想和政治倾向也似乎是对殖民统治的一种超强暴力反击，然而她与加布里埃尔在有调情嫌疑的对话中所表现出的时尚爱国却似乎暗示，她的爱国主义实质上并不纯粹彻底。恰恰相反，在她尽兴地舞蹈并大谈到西部看看爱尔兰人自己的土地计划之后，若有所思的加布里埃尔则想去外面公园散散步，并想到有战争纪念意义的威灵顿纪念碑等情节均揭示，加布里埃尔才是人群当中唯一清醒和现实的爱国者。为此，小说对艾弗丝小姐的描写是对不切实际的爱国空谈者极大的讽刺，细化加布里埃尔一系列的反应则是对殖民统治的一种反暴力消解。

舞会演奏的乐曲和人们所唱的歌曲，如《打扮新娘子》等不是爱尔兰本土专属。《打扮新娘子》是一首英国民歌[②]。玛

① James Joyce. Dubliners—with all Introduction and Notes by Terence Brown [M]. London: Penguin, 1992: 190.

② James Joyce. Dubliners—with all Introduction and Notes by Terence Brown [M]. London: Penguin, 1992: 311.

丽·简擅长弹奏的曲子之所以让加布里埃尔听不进去，也因为它源自英国。甚至连加布里埃尔的外祖父在世时想要去公园观看的军事检阅，无疑是殖民者为炫耀武力和加强统治而举办的。加布里埃尔滑稽地模仿外祖父去观看士兵演练引得众人再次哄堂大笑是故事反讽的高潮。

种种情节揭示，在长期的殖民统治威慑之下，有相当一部分爱尔兰人被英国人同化，他们似乎已经习惯于眼前的生活，缺乏联想自由独立等严肃的民族话题。即使如艾弗丝小姐一般自认为保持爱尔兰风格的人其实也像她一样早已成为民族悲剧的牺牲品。圣诞聚会上众人的一阵阵笑声为此极为深刻地隐含了叙事者对爱尔兰人长期遭受扭曲的集体无意识之反讽。

有学者指出，文学的演变犹如四季一般，也是一种循环，“对应于冬天的是讽刺，这是没有英雄的世界，讽刺意味愈强，这个世界也愈荒诞”[①]。在《死者》构建的荒诞世界里，加布里埃尔是唯一被塑造成英雄的人物。他愤世嫉俗者般地讥讽奚落现实的疏远态度与冷漠言词使他成为沉浸在自我世界里的“文人英雄”[②]，以及一个游荡在政治边缘的爱尔兰中产阶级代表。小说文本内在反讽的透视法，并表现该人物从一开始思想的褊

① 张隆溪.二十世纪西方文论述评[M].北京：生活·读书·新知三联书店，1986:64.

② Bernard Benstock. James Joyce, the Augmented Ninth [M]. Syracuse: Syracuse University Press, 1990:291.

狭自负，转变为具有博爱人道主义精神的演变历程[①]，更使故事复杂的主题呈现真实与荒诞、爱国与背叛逃离等相辅相成的二元或多元对立。这种表达肌理使故事结尾中“雪”的意象更加独特且意味深长。

四、“雪”——一场固态“大洪水”的隐喻

现代评论家们普遍认为，在《死者》结尾的自然景观描写中，漫天而降的罕见大雪不是孤立的情节，它联系起了所有其他的意象[②]。“雪”是各种原型和象征意象的结合点。由于比普通的水多一点寒气和一道融化的环节，并经历由固态到液态变形，“雪”的内涵极为丰富。

在西方传统宇宙论中，“气”“水”“土”“火”是宇宙的四大基本元素，彼此可以有条件地相互转化，而且有各自变形的实体。例如，瀑布、海洋、雨、雪、冰等都是水的不同变形[③]。

---

① Robert Scholes, A. Walton Litz, ed. The Viking Critical Library, James Joyce Dubliners: Text, Criticism and Notes [M]. New York: Penguin Group, 1976:430.

② Robert Scholes, A. Walton Litz, ed. The Viking Critical Library, James Joyce Dubliners: Text, Criticism and Notes [M]. New York: Penguin Group, 1976:434.

③ 胡家峦.历史的星空——文艺复兴时期英国诗歌与西方传统宇宙论[M].北京:北京大学出版社,2001:40.

而与雪关系密切的水一般象征生命，冰则是传统的死亡象征[①]。加百列在四大天使中掌管北方和水元素的传统宇宙观念更使得故事中不寻常的雪——固态的水，在降到地面融化后变成的泥泞雪水不仅有了水的传统象征意义，在飘飘洒洒半融化的降落过程中，比普通的水经历复杂的雪水还增添了神秘的变形力量。小说中无处不在的大雪因此成为一场“洗礼的象征”[②]，并让我们想起《圣经·创世纪》里涤荡整个大地的“大洪水”。但上帝降下“大洪水”意在毁灭人类的邪恶，而故事中的“雪”——固态“洪水”的象征也是一场净化，它要对麻木困顿的爱尔兰人进行一场心灵的洗礼。

在20世纪初期，要求自治的爱尔兰充满社会危机和人们的精神危机。《死者》在一定程度上反映了这种社会现实。姗姗来迟又喝醉了酒的弗莱第·马林斯是潜伏在欢乐的节日氛围当中的第一个不安定因素，他是危机四伏的社会现状中出现新危机的一个象征符号。而艾弗丝小姐的到来，以及她对加布里埃尔的挑战则加剧了危机。加布里埃尔虽然内心充满凄凉孤独情感，但却始终执着地探索走出危机的出路。他心理演变的历程揭示出爱尔兰爱国知识分子所自觉发现的社会良知和正义。这就是

① Robert Scholes, A. Walton Litz, ed. The Viking Critical Library, James Joyce Dubliners: Text, Criticism and Notes [M]. New York: Penguin Group, 1976:434.

② Robert Scholes, A. Walton Litz, ed. The Viking Critical Library, James Joyce Dubliners: Text, Criticism and Notes [M]. New York: Penguin Group, 1976:442.

历史，已无法更改，走向崭新的未来需要树立新的理想，并在现实的不断发展变革中忽略某些已经失去价值的历史。

艾伦·塔特曾赞成“雪”在《死者》开始时代表冷酷甚至表现敌意的自然力量[①]。而在该小说结尾，加布里埃尔欢迎“雪”的到来，感觉到它的温暖并渴望到外面去感受它，则将“雪”嬗变为神奇美好的物质。在大雪纷飞的夜晚，加布里埃尔进入甜美的梦乡，仿佛表达出一种消除对痛苦往事的记忆和向往光明未来的希望。“雪”成为“变得不重要”的同义词，象征一种“湮没”(oblivion)，是从威胁世人的差异、同一和意义当中渐渐消退[②]。在故事里，加布里埃尔一边似在倾听玛丽·简弹着钢琴，一边浏览房间的摆设装饰和自己母亲的照片，并想着各种复杂的心事，以及在曲子弹完时他心中对母亲的怨愤消失[③]，同样暗示了一种谅解和遗忘。

因此，雪水也是一种生命之水，纷纷扬扬无处不在的大雪象征新一轮生命和繁荣的开始。同时飘落在死者和在世者身上的“雪”，以及加布里埃尔陷入睡眠时灵魂的缓慢消逝[④]架起了

① Robert Scholes, A. Walton Litz, ed. The Viking Critical Library, James Joyce Dubliners: Text, Criticism and Notes [M]. New York: Penguin Group, 1976:409.

② Emer Nolan. James Joyce and Nationalism [M]. London, New York: Routledge, 1995: 35.

③ James Joyce. Dubliners—with all Introduction and Notes by Terence Brown [M]. London: Penguin, 1992: 187.

④ James Joyce. Dubliners—with all Introduction and Notes by Terence Brown [M]. London: Penguin, 1992: 225.

过去、现实和未来之间的桥梁，使生命演化为一种无止境的循环。借助暗示着湮没和忘却幻象的雪这一自然景观，《死者》仿佛指出民族“生”的出路在于遗忘痛苦的过去，憧憬充满生机的未来。

社会历史文化叙事篇

本篇以乔伊斯的《姐妹》《伊芙琳》两部短篇小说，艾伦·金斯堡的《嚎叫》《加利福尼亚超级市场》等诗歌作品，弗吉尼亚·伍尔夫的《墙上的斑点》，杰克·伦敦的《马丁·伊登》《野性的呼唤》等小说文本为讨论对象，探索20世纪中前期的文学作品所表现的意象特征和叙事构思，及其对传统的批判与决裂等。

《姐妹》的民族历史与文化书写[1]

美国思想家保罗·蒂利希在《存在与勇气》中指出，生存焦虑是人类焦虑当中最普遍的终极焦虑，其焦虑的根本在于对"非存在"或者"存有空虚"，亦即人生失去意义的恐惧。这种恐惧在死亡的威胁下最容易感受[2]。在20世纪初，爱尔兰作家詹姆斯·乔伊斯的遣词造句曾经犹如雕刻师使用泥土一般，使每一种叙述里都蕴育了某种启示[3]。在乔伊斯语言极为简约隐

① 本文原文发表于《国外文学》2010年12月第4期，第150—157页。收入本书时有改动。

② 王益明.透视焦虑——焦虑本质的哲学心理学探析[J].山东大学学报(哲学社会科学版),2003(6):120.

③ Robert Deming. James Joyce: The Critical Heritage[M]. London: Routledge, 1997:61-64, 有"Mr. James Joyce writes with a sense of style that makes his work distinctive. *Dubliners* is a collection of short stories dealing with under-currents of Irish character. The author understands the technique of this craft to perfections, and uses words as a sculptor uses clay. Every phrase is pregnant with suggestion ...",以及"Mr. Joyce undoubtedly possesses great skill both of observation and of technique .... His characterization is exact: speaking with reserve as to the conditions of certain sides of the social life of Dublin, we should say that it is beyond criticism"等观点。

晦[①]的小说集《都柏林人》（1914）的“序曲”（Prelude）[②]《姐妹》中，传递最多的便是宣泄这种焦虑。

《姐妹》最早的版本写于1904年，发表在当年8月的报纸《爱尔兰家园》（*The Irish Homestead*）上。它以少年叙事者为第一人称，讲述了有关身体瘫痪，最终三度中风而死的弗林神甫，及其怯弱恭顺的两个姐妹伊丽莎和南妮的生活片段故事。有研究者认为，弗林神甫被刻画成了腐朽爱尔兰天主教的代表。笔者不能苟同。因为故事里那些内涵隐秘的对话，神甫生前打破圣杯和扔掉《祈祷书》的怪异反叛行为，叙事者对他美丽死亡的描写，瞻仰其遗体后人们喝酒的情节，以及暗示他“死而不朽”的花香等细节，充分表明他最终成为质疑与反叛教会的异类。以南妮全然倒向一边的布靴子的鞋后跟和关乎神甫异样“生存”与“死亡”的细节描写为依托，《姐妹》在宣泄对民族“存有空虚”[③]离经叛道的焦虑思索过程中，简约地充满了对爱尔兰民族历史与文化的隐晦书写。

---

① Bernard Benstock. James Joyce, the Augmented Ninth [M]. Syracuse: Syracuse University Press, 1990:271.

② Robert Scholes, A. Walton Litz, ed. Text, Criticism and Notes [M]. New York: Penguin Group, 1976:447.

③ 在《尤利西斯》第1章中，斯蒂汾·代达勒斯在与牛津出身的英国人海因斯交谈时，曾心绪阴沉不快地说：“你在我身上看到的是一种可怕的离经叛道思想”，此话已被很多研究者关注。这实质上也一度是乔伊斯自身思想的一种表现。见乔伊斯.尤利西斯[M].金隄，译.北京：人民文学出版社，1994.

一、对民族语言历史的隐晦书写

《姐妹》中，有关人物话语的叙事片段几乎都富含人物特征而且意味深长，最频繁活跃的典型便是伊丽莎缺乏直接引语符号的话语①。这些大多以省略号为标志的人物话语主要围绕神甫以及圣杯的话题，以自然写实的手法描写她始终抱着不切实际的幻想，固执地坚信打破圣杯的不是神甫，而是教堂里的一个小孩子。从人物话语语义的角度看，其中多次出现的省略号不是转移话题，就是故意离题，目的都是要绕开有关圣杯的敏感话题，否认神甫将其打破的事实。它们不仅影射出伊丽莎复杂惶恐的内心世界，还从人物故事的侧面对暗示神甫倔强性格和重大人生转折点的事件进行了素描补白。

而从叙事技巧上看，身为神甫的姐妹，以及他过去正常行为的直接见证人，伊丽莎的话语不仅填充了第一人称少年叙事者未知的空白，她所讲述的故事还因其见证的真实性而与其他部分产生断裂，造成以第一人称叙事者为叙事主体所产生的叙事过程中出现了分层。在这些断裂叙事层中，她躲躲闪闪的言谈举止反映出她对现实矛盾无法理解而又无能化解的顾忌与恐

① Robert Scholes, A. Walton Litz, ed. Text, Criticism and Notes[M]. New York: Penguin Group, 1976:225. 乔伊斯作品的对话描写基本都缺乏引号，因为他把引号看作眼中钉(eyesore)，认为刺眼的引号“会产生不真实感”，因此他刻意地避免使用引号。《姐妹》的人物话语明显具有以上特征。

惧，其内涵大大超出了表达兄妹亲情的范畴。

透过她的话语可以看出，她拒绝接受神甫所扮演的不幸角色，却又不得不一次次地回到令她极为苦恼伤感的旧话题。小说对该人物的刻画因此使她作为第三人称见证人叙述的故事与少年的故事在表现小说主题时产生重合，并在一定程度上表明抛弃幻想，回归实实在在的生活是每个人必须面对的现实。

在叔叔、婶婶以及老科特等人物话语的衬托下，伊丽莎和第一人称叙事者的双重叙事声音一方面以众人对现实真相漠视无睹①，及其不敢探究造成神甫言行举止怪异的根本原因，反衬神甫已经失去周围人们的诚挚信任和理解，彰显出其思维意识被伊丽莎等最亲近的人无情地扭曲是他人生最大的悲剧。另一方面，诸多人物话语又从多个角度指涉了人们对神甫病残处境本源认识上的精神麻痹，其最终所指是他们不理解神甫，至多只会维持他肉体的苟延残喘。在被众人敬而远之，实质上是无形孤立隔离的困境里，神甫几乎成了一个没有同路者的孤家寡人。

在故事最后，伊丽莎与婶婶的一段简短对话将神甫从麻木、令人绝望的爱尔兰众生中明确异化出来。

——他那时还清醒吗？我婶婶问。

① 小说第12章中有“不愿看的人，才是最大的瞎子”的说法。乔伊斯.尤利西斯[M].金隄，译.北京：人民文学出版社，1994：495.

——他很顺从[1]，伊丽莎说。

——他看着顺从，我婶婶说。

——我们叫来给他擦洗的女佣也是这么说的，她说他看着就象睡着了一样，他看起来那样安详顺从。没有人想到他会成为这么美的一具遗体[2]。

在这场内涵极为隐秘的对话里，伊丽莎的语气里明显带有为死去的神甫遮掩开脱的味道。她没有正面回答婶婶对神甫死前是否“清醒”的提问，而是试图以他表现“顺从”搪塞过去。但婶婶无疑洞悉伊丽莎的掩饰动机，所以很直白地纠正她的失误。伊丽莎一定无奈地意识到了这一点，只好承认女佣也这么说，并且沿用婶婶的原话“看起来”（look）顺从，而不是一开始非常肯定的“是”（is）顺从。通过两个“look”的重复，伊丽莎着重强调了神甫出人意料的美丽死亡。

回避兄长死前是否清醒的问题表明作为麻木众生中的一员，伊丽莎仍然愚昧地寄望家族里没有人出现过在神甫身上发生的事情，希望一切能够在他灰飞烟灭后回到平静的从前，而“安详顺从”或者“听天由命”“乐天知命”等是恢复这一切的最根本前提。在她的潜意识里，神甫所做的一切都是由于他不清醒，以及由此带来的不顺从所引起。而“美”的前提却必须是前者，即使身体瘫痪的神甫也不能例外。但弄巧成拙的则是，她此处欲盖弥彰的

① 也有人将“resigned”译为“听天由命”或者“乐天知命”。

② 乔伊斯.都柏林人[M].孙梁，等译.上海：上海译文出版社，1984：8.

话语却恰恰使一个不肯屈服顺从，性格倔强固执，但决不“腐朽”[①]的老神甫形象跃然纸上。

在《尤利西斯》中，乔伊斯曾强调，如同人一般嘶溜直响的活版印刷机一样，“每样东西都应该有它自己的语言”[②]。而受到爱尔兰民族由于历史原因所产生“文化传统的断裂”和“民族语言的缺失”[③]等因素影响，伊丽莎显然不如机器。她没有自由地表达自己意愿和思想的“语言”。她的“语言”经过爱尔兰传统文化和英国殖民统治多年教化的过滤，不仅不会与故事里的其他人物在同一场合的话语产生质的区别，而且由于神甫闯下了打破圣杯的“滔天大祸”，导致她急欲排遣内心深处的各种顾虑，拼命靠拢主流社会，处处于无意识之中使其个人话语充满相互矛盾的表白性和掩饰性。

对“麻木不仁”的公众精神[④]趋向死亡的焦虑驱使乔伊斯在小说集里又不断地塑造了《伊芙澜》结尾处极度矛盾失语的女主人公；《寄居所》中对现实极为不满却又无法摆脱痛苦困顿精神状态的多伦先生；《悲痛的往事》里“被人生的盛宴排斥在

① Kelly Joseph . Our Joyce: From Outcast to Icon[M]. Austin: University of Texas Press, 1998:37.

② Kelly Joseph . Our Joyce: From Outcast to Icon[M]. Austin: University of Texas Press, 1998:183.

③ 郭军.“历史的噩梦”与“创伤的艺术”——解读乔伊斯的小说艺术[J].外国文学评论,2004(3):81.

④ 乔伊斯.尤利西斯[M].金隄,译.北京:人民文学出版社,1994:280.

外”①的詹姆斯·达菲先生；以及《死者》中与圣诞欢庆氛围极不相称的男主人公加布里埃尔等。在《一片小小的浮云》里，小钱德勒甚至急欲前往伦敦，试图依靠摇身一变成为英国人来摆脱缠绕已久的困境。这种不现实的想法冲昏了他的头脑，以至于在赶着去会见从他日思夜想的伦敦归来的老朋友时，他竟然在常来常往的街道上走过了头。

这些人物共同构成了“困扰都柏林人的道德情感以及精神瘫痪”②的实质内涵，对他们的辛辣反讽透视出民众缺乏正视危机和灾难的勇气。这与身体虚弱瘫痪、行为怪异的神甫形成了鲜明的对比。

二、对民族传统文化历史的隐晦书写

考林·麦柯伯（Colin MacCabe）指出，《姐妹》中的“瘫痪”“买卖圣职罪”以及“磬折形”等三个斜体词具有能指功能。它们是小说集隐晦内涵与独特创作艺术为一体的最集中体

① 乔伊斯.都柏林人[M].孙梁，等译.上海：上海译文出版社，1984：128.

② Richard Peterson. James Joyce Revisited [M]. New York Toronto: Twayne Publishers, 1992: 24. 原文为“the moral, emotional, and spiritual paralysis afflicting Dublin life”。

现[①]，分别以各自的不同所指道出了小说的真实创作意图。其中，“瘫痪”意味着都柏林人在自由、超越、尽职前提下的道德与肉体状况；“买卖圣职罪”指涉对人民尽职构成最大障碍的高层腐败与教会权威的非法作为[②]；“磬折形”则明显成为“有所保留”的同义词，是“缺失”[③]与作者难言之隐的代名词。一位英国评论家早在1914年就指出过整个小说集富有这种独特的行文风格[④]。这其中潜在的含义与该词喻指日晷指针，希望读者以作品为指针，领悟爱尔兰民众人格残缺和民族道德缺陷的意旨[⑤]等一起，不仅使“有所保留”的小说文本极尽内敛，隐含了大

① Colin MacCabe. James Joyce and the Revolution of the Word［M］. New York：Palgrave Macmillan，2003. 34. 原文为“... the theme of paralysis is introduced and this word together with ‘gnomon’ and ‘simony’ provide a collection of signifiers which are not determined in their meaning by the text ”。

② Mary Reynolds. James Joyce：A Collection of Critical Essays［M］. Englewood Cliffs：Prentice-Hall，1993：68. 原文为“... ‘paralysis’ implies the moral and physical condition of Dubliners，given their need for freedom，transcendence，and fulfillment”，以及“ ‘simony’ points to corruption in high places and illegitimate ecclesiastical authority as the primary obstacles to people’s fulfillment，... ‘gnomon’ is a synonym for ‘absences’ ”。

③ 赫林在《乔伊斯的不确定原则》中，就根据《都柏林人》开篇中提到的一角缺失的磬折形几何图形，提出乔氏作品中往往留出一些没有定解的缺失内容，目的是为了让读者更用心地思索，问一问少了什么，让读者脑子里装着这些缺失的，从而来审视文本中那些出现的。转引自戴从容.复杂的词语世界——《芬尼根的守灵》词语解读[J].外国语，2005(3)：66.

④ Robert Deming. James Joyce：The Critical Heritage［M］. London：Routledge，1997：61.

⑤ 郭军.乔伊斯：反思与超越[J].外国文学研究，2004(3)：31.

量对僵化、缺乏言论自由的社会强烈的不满，还使它不断地传输出内涵丰富的弦外之音。

在这样的泛音背景下，故事对神甫无法自控的双手和舌头等身体器官的描写成为他找不到精神生活的支撑点，走到了丧失理智、生不如死的悲剧人生尽头的隐喻。他们似乎要表明，神甫心中原有的社会秩序已经错位得混乱无序，肉体瘫痪的他早已迷失了精神自我。此时，如果神甫打破圣杯仍然含有各种亵渎神灵的偶然性，那么，在他人生的最后阶段，伊丽莎每次送汤水都看到他把《每日祈祷书》掉在地板上，嘴巴大张地朝后仰躺在椅子里的怪异表情则只能是打破圣杯这一怪异而却合乎逻辑行为的必然结果。这些人物刻画以神甫的肉体缺陷为表征，实则外露其人格扭曲，人性变异，凄凉、悲苦的内在精神缺陷，揭示了他对圣杯和教会权威象征的《祈祷书》持极端怀疑与否定的态度。

在其他人物茫然麻木和被动接受现实境遇的叙事信息衬托之下，诸多细节却越来越明显地成为神甫精神觉醒的标志，为小说将其塑造为“活着的死者”[①]奠定了基础。借他“不敬神灵”的事实及其精神天平的极度破裂失衡，该人物故事在讥讽其他人物虔诚地接受和拥有殖民宗主国文化共识的同时，逐渐揭露了两种不同精神的生存形态，使神甫肉体的“死亡”最终跳出了生命简单终结的局限。

---

① Emer Nolan. James Joyce and Nationalism [M]. London, New York: Routledge, 1995: 79.原文为“... the living dead”。

这种主题格局在故事结尾进一步表现出来。在这里，伊丽莎断断续续地讲述神甫临终前计划去看看出生时的老房子的想法，及其打破圣杯前后的怪异举止，并在讲述的过程中疑虑重重，最后甚至戛然而止，开始用心地倾听房屋里的动静。这些细节描写不仅淋漓尽致地宣泄了第三人称叙事者对她精神麻木的焦虑，而且预示神甫生命的终结终于换来了她对生命意义的认真思考。当她感到兄长作为神甫的职责负担过于沉重，回想他打破圣杯的前因后果并产生不安和恐惧时，她陷入沉思这一行为表明其内心深处正在发生某种质的变化，而如何重新评介神甫与定位传统文化则似乎是这一结局留下的悬念之一。这使神甫虽然曾经“闷闷不乐，跟任何人都不搭话，只管一个人荡来荡去”[①]，却最终不是以老态龙钟和枯朽死亡的可怜龌龊形象退出读者的心理视界。

从抛弃《祈祷书》隐含了神甫自我人格意识醒悟的标志角度上看，打破圣杯是该人物向高层腐败与教会权威非法作为[②]显性的精神宣战。神甫深谙自己身处是非颠倒的世界，同时又听惯了无知人们的忏悔。他在打破圣杯、身体瘫痪后的孤独反思中所经历的思想矛盾之痛苦激烈可想而知。小说对神甫内心世界巨大波动的隐晦暗示实质上使他逐渐地演变为一个可悲而又

① 詹姆斯·乔伊斯.都柏林人[M].孙梁，等译.上海：上海译文出版社，1984：11.

② Mary Reynolds T. James Joyce: A Collection of Critical Essays [M]. Englewood Cliffs, N.J.: Prentice-Hall, Inc., 1993:68.

可敬的人物。因为，圣杯——“腐朽、非法教会权威”的象征，是神甫那个时代以他个人的背景无法超越的。他打破圣杯就是击碎了自己充满矛盾的幻想，表明他失败的求索换来的结果只能是原有信仰的彻底丧失。他在黑暗里自我嘲讽的面孔揭示他获得了幻想破灭后的颓废感，这使他在肉体瘫痪之前就已经精神崩溃，走向了世人眼里的“堕落”。

因此，打破圣杯是一种积蓄已久的强大内在力量的显性爆发。身为神甫却打破圣杯，理当宣扬天主教理念却对此充满怀疑与失望，想大声发出自己的声音而又无奈保持沉默，这些彼此矛盾的二元对立项构成了神甫抛弃《祈祷书》的真正原因。它们暗示，当神甫穿上法衣，照本宣科地宣扬宗教教义时，他会被奉为令人敬仰的教会权威代表。而一旦他立足平凡的现实世界，发现神不过是如海边各式各样的贝壳一样的“空壳”，是被“贪婪和苦难玷污了的美和权利的象征”①，正在用“一个机械的天堂”②哄人，或者认识到虚幻世界里充满虚伪和诱人思想麻痹的一面，他便立刻被教会视作产生了精神变异的怪人而疏远隔离开来。在故事里，神甫承受过的巨大压抑感、沮丧感和剧烈的内在思想斗争，以及他最终对权威的彻底绝望均被简约地外化为该人物怪诞、恐怖的面孔和一阵阵的“精神失常”。他垂死的身体特征与后来的精神觉醒，以及美丽死亡所形成的鲜

① 乔伊斯.尤利西斯[M].金隄，译.北京：人民文学出版社，1994：47.

② 乔伊斯.尤利西斯[M].金隄，译.北京：人民文学出版社，1994：4.该书第9章不但多次讥讽愚昧麻木的民众，还以“瘦削难看的英语”等嘲笑殖民者。

明反照是这些冲突的又一个必然结果。

乔伊斯深受但丁将教皇和红衣主教、大主教等教会人士打入地狱，以此来揭露人类精神上各种异化变态的影响。[①]这种反宗教思想无疑渗透在了《姐妹》的文本中，贴切地解释了神甫夜深时独自静坐在本该由信徒做忏悔的密室里的怪异举动，并巧妙地把盛行在爱尔兰的天主教送上了忏悔的被告席。一向倾听信徒忏悔，具有教会窗口和传声筒功能的神甫不仅反过来成为忏悔者，而且对前者进行无声的怀疑和否定，是肉体瘫痪、精神崩溃的该人物所能做到的最强有力的抗议。这种描写对弥漫爱尔兰的天主教构成最为辛辣的讽刺。

马丁·海德格尔曾指出，沉默的沉默化比所有活动更在活动中，并比任何活动更加令人激动不安[②]。沉默无语是大声疾呼呐喊的同义语，但比后者更加含蓄且意义深远。为此，乔伊斯以此种方式将神甫塑造成了一个因某种精神崩溃而被剥夺了教职的学者型教士[③]，一个反殖民统治与奴化文化的激进抵抗者。

---

① Derek Attridge. The Cambridge Companion to James Joyce[M]. Shanghai: Shanghai Foreign Language Education Press, 2000: 57. 原文为"… Dante was to Joyce …, whose Hell teems with popes and cardinals and bishops displaying ever kind of mental aberration "。

② 海德格尔.诗·语言·思[M].彭富春,译.北京:文化艺术出版社,1991:180.

③ Robert Scholes, A. Walton Litz, ed. Text, Criticism and Notes[M]. New York: Penguin Group, 1976: 305. 原文为"… a scholar priest who has been deprived of his clerical functions because of some sort of nervous breakdown "。

他似乎宁肯国人“跳出生活的油锅，跳进炼狱的火坑”[①]，建立起类似19世纪的一种视肚脐眼为灵魂所在地的“昂发楼斯”式的新的异教文化[②]，也不愿他们“捂着心灵上的创伤和侮辱”[③]默默无声地痛苦挣扎。

神甫的坎坷经历是爱尔兰传统文化历史的一个侧面和缩影。小说则借该人物的生命轨迹，揭示在当时动荡不安的爱尔兰，病态的众生由混沌麻痹走向清醒自由的道路必将充满宗教影响，并由此带来诸多挫折沮丧与矛盾痛苦。该小说对现实依然残酷的清醒认识还可以从少年跪拜在神甫遗体前，幻想死去的神甫嘴角泛出微笑，而起身一看却并非如此的细节体现出来。简短的两个词“But no”透析出了幻想与现实之间的巨大反差。但在伊丽莎姐妹等人物身上，对宗教的笃信则显然模糊甚至根除了这种反差。

三、对民族文化的隐晦书写

许多学者都发现，生与死是乔伊斯作品的创作母题。20世纪60年代，英国牛津大学的著名教授和乔学评论家理查德·艾尔曼（Richard Ellmann）曾指出，生与死的相互关系是《都柏

① 乔伊斯.尤利西斯[M].金隄，译.北京：人民文学出版社，1994：168.

② 乔伊斯.尤利西斯[M].金隄，译.北京：人民文学出版社，1994：9.

③ 乔伊斯.尤利西斯[M].金隄，译.北京：人民文学出版社，1994：11.在这部小说里，乔伊斯多次以“没有眼睛的假面具”和在“死亡中享受生命”来嘲讽爱尔兰人的懦弱愚钝。

林人》第一个和最后一个故事的主题[1]。乔伊斯在大学时代曾说过“死亡是生命……最高形式”，并因此遭到朋友们嘲讽。在某种意义上，上述两个故事也是对于这种嘲讽的有力回答。在《姐妹》中，伊丽莎关于神甫“美丽的死亡”和“美丽的遗体”等话语使获取了生命最美形式的神甫永远在场永生。神甫在瘫痪中仍不断地教导少年——他的“门徒”——也预设了他“美丽”的死亡，为他的死打上了传说中凤凰涅槃般美的烙印。

故事结束前，伊丽莎坐在神甫生前使用过的扶手椅上，并吩咐南妮给前来吊唁的少年和婶婶两位客人倒雪利酒的情节则不仅强调了神甫美丽的永生，还同时使涉及爱尔兰酒文化的细节在美的背景里滋生出对这一民族传统充满创痛的讥讽。天生爱好饮酒的爱尔兰人一般在守灵或者丧葬期间会给客人甚至年幼的孩子喝酒，这是其独特民族文化的一部分。但如果抛开酒文化的表层所固有象征含义，会发现这是又一个辛辣地讽刺爱尔兰人惯于在“死亡中享受生命”[2]的典型实例。它使故事惨淡悲痛的祭奠仪式中，庆贺新生的成分远远地超出了哀悼。

首先，从表面看来，神甫的死了结了其自身的痛苦，结束了家族的难堪，使少年和婶婶不用再费心地来照看他或者为他送鼻烟了。老科特则不必再担心少年受到神甫的任何不良影响。南妮的悄然入睡亦仿佛解析饱受神甫拖累，精神与肉体都疲惫

---

① Robert Scholes, A. Walton Litz, ed. Text, Criticism and Notes[M]. New York: Penguin Group, 1976:401.

② 乔伊斯.尤利西斯[M].金隄,译.北京:人民文学出版社,1994:163.

不堪的伊丽莎姐妹终于可以安心地过上她们盼望已久的生活了。神甫的死于是似乎意味着在人们原本平静的生活中掀起巨大波澜的“肇事者”已经远去，可喜可贺。

其次，“顺从”前提下死亡的美丽之所以使神甫死后意外地获得众人的谅解和赞美，是因为世俗的观念认为美丽的死亡一般只属于能够进入天堂的人。因此，死亡使神甫回归了同类，而“顺从”则毋庸置疑地将其从死后的地狱煎熬中解救出来。仿佛死去的神甫不仅解脱了大行善事的众人之今生，还因死得顺从、美丽而拯救了自己和他人的来世。这对伊丽莎等人来说，确是一件值得庆贺的“大好事”。

然而，聪慧的少年看到的则是死去的神甫大手里松散地握着“无用的”圣杯和他的“苍白寻衅的脸”[①]，闻到了房间里“浓郁的花香”[②]。他啜饮品尝了一小口雪利酒，回到自己位于角落的座位上后，安静地听着伊丽莎含糊断续地讲述神甫生前的怪异举动非但毫不吃惊，反而表现冷静沉稳，与瞻仰神甫遗体时天真少年的反应截然不同。尤为值得注意的是，一向行文简约的乔伊斯将神甫此时“寻衅的脸”在短短十页的故事文本里重复了两遍。

这些细节是神甫死而不朽，催促人们重振民族精神、鼓起勇气奋进的隐喻，表明超越人世间一切力量的死亡已经彻底打破了某种传统的桎梏。死去神甫身旁的烛光仿佛非但照亮着曾

① 乔伊斯.都柏林人[M].孙梁，等译.上海：上海译文出版社，1984：6.

② 乔伊斯.都柏林人[M].孙梁，等译.上海：上海译文出版社，1984：6.

经“亵渎神灵”的死者前去天堂的道路，也同时摇曳出了启迪活人智慧的光芒。人们在他死后放在他胸前的圣杯及其头边的两个蜡烛——无孔不入，似乎能够“牢牢掌控世人生前死后一切的宗教势力的化身”[①]，由此便不能再继续控制一个人精神超脱后的灵魂。少年读懂了神甫死后的表情，他喝酒是庆贺神甫和自己灵魂的升华。

在对麻木至极的爱尔兰民众辛辣的反讽中，酒文化情节也成为一个让读者产生精神顿悟的隐喻，它使拥有了美丽死亡和真正认识到死亡美丽的人在瞬间都得到了升华。它揭示的实质似乎在于，酒是“爱尔兰的致命伤”，“清醒的爱尔兰才是自由的爱尔兰”[②]。为此，《姐妹》不是在讲述一个从高高的神坛上“堕落”，有着“死亡意象”[③]的神甫的故事。恰恰相反，他被塑造成了一个永生的人物。摆放他遗体的房间里散发的浓郁花香昭示了其精神生命的永恒。

少年在故事开头对神甫的瘫痪和死亡充满狐疑与恐惧，到后来却又渴望接近他，并梦到被一张灰白的脸跟踪，倾听它的忏悔，感到它在微笑。这些情节不仅将神甫——少年启蒙时代

① 高鹏.身体的悲歌——解读乔伊斯的《姐妹》[J].韶关学院学报(社会科学版),2005(1):129.

② 乔伊斯.尤利西斯[M].金隄,译.北京:人民文学出版社,1994:474.

③ Kelly Joseph . Our Joyce: From Outcast to Icon[M]. Austin: University of Texas Press, 1998:36.

的“良师益友”[1]物化为一张灰白的脸而将其提升到某种精神化身的地位，还使由老科特之口转述出的神甫心愿最终实现——少年正在成长为他的“圣职候选人”。而这里的“圣职候选人”是忠实地继承其衣钵的精神追随者的双关语。

在梦中，少年看到“长长的紫色窗帘和形状奇特的回旋灯”，感到自己“身处遥远，习俗在波斯也为奇特的地方”，灵魂“退入某个快乐而邪恶的场所”[2]，则进一步表明少年即将步神甫的后尘，从麻木、瘫痪的社会现实中异化而出，成为民族振兴的希望。在南妮的带领下，少年和婶婶一行三人跪拜在神甫遗体前，少年想象神甫嘴角泛出了微笑是在嘲讽无知的世人对宗教傀儡顶礼膜拜的同时，又暗示爱尔兰有了民族意识被激活的新生一代。《偶遇》中的第一人称少年叙事者渴望“狂野”“动乱”等[3]，则从另一种视角隐晦地表达了作者对以反叛打破社会僵局，甚至“用武力对付武力”[4]的振兴之梦。

四、对民族文化觉醒的隐晦书写

神甫向少年传授拉丁文和神学等方面的知识使他成为另一种觉醒者，一个民族文化的觉醒者。当他给少年讲述在公元1、2世

① Robert Scholes, A. Walton Litz, ed. Text, Criticism and Notes[M]. New York: Penguin Group, 1976:319.

② 乔伊斯.都柏林人[M].孙梁,等译.上海:上海译文出版社,1984:5—6.

③ 乔伊斯.都柏林人[M].孙梁,等译.上海:上海译文出版社,1984:15.

④ 乔伊斯.尤利西斯[M].金隄,译.北京:人民文学出版社,1994:501.

纪，早期基督徒在罗马的城市地下墓穴里藏身，以躲避宗教迫害的故事，1798年关闭了罗马爱尔兰学院的法兰西皇帝拿破仑的故事，以及不同弥撒仪式和教士法衣的含义等知识时，他的形象从宣讲宗教教义的神甫升华到了担负文化传承职责的学者。

这些文化与历史知识的传递明确无误地指向了古老的希腊和罗马文明。它们不仅使神甫在故事开头的枯朽“堕落”演化为一种进步，再次预示其平凡肉体的死亡终将嬗变为一种美好精神生命的回归，还以古老文明中蕴含的丰富文化底蕴嘲讽了现代人的无知野蛮，并引导睿智的少年越发聪慧，最终戏谑般地发现了南妮全然倒向一边的布靴子及其鞋后跟。

在《尤利西斯》的第9章里，斯蒂汾在思考“没有发生而可能发生的事情；有可能发生的事情作为可能而存在的可能性”时，想到古希腊著名战将阿喀琉斯的情节①，呼应了第1章壮鹿马利根所说的“……把这个岛国治一治。把它来一个希腊化”的言论②。这不禁让人将南妮的鞋后跟与阿喀琉斯的脚肿联系起来。前者非但暴露出一种个人生活习惯的缺陷，而且犹如重现被历代人们叹息的后者一样，暗示出一种致命的弱陷，或者一个给未来埋下悲剧的祸根。仿佛依托希腊古老的神话传说，《姐妹》极为隐晦地启迪了人们思考爱尔兰民族文化中所欠缺的独立自主意识。在小说集的最后一个故事《死者》中，加布里埃尔夫妇足蹬欧陆流行的套鞋，参加两位姨妈举办的圣诞家庭宴

① 乔伊斯.尤利西斯[M].金隄，译.北京：人民文学出版社，1994：292.

② 乔伊斯.尤利西斯[M].金隄，译.北京：人民文学出版社，1994：8.

会，并为此引起了人们的极大好奇和关注，也充分说明乔伊斯在作品人物的穿戴细节里埋伏下了隐蔽的线索。而各种鞋子之所以如此重要，是因为它们与人生道路密切相关，是人们生活当中举足轻重的一部分。

为此，大量细节表面上诙谐地刻画了不拘小节、乐于自贬、爱好依靠外来文化哗众取宠的爱尔兰人，实则尖锐地嘲讽了他们缺乏自助、自立与自信，习惯于不假思索地全盘接受外来文化与习俗，以及民族信仰总是盲目地一边倒的陋习。在《尤利西斯》的第5章牧师分圣餐时，布卢姆看到牧师袍下露出的大靴底似乎巧合地再次披露这一令人痛心疾首的祸根。

《姐妹》借大量的细节揭示了禁锢人们思想自由，给爱尔兰社会带来精神麻痹的宗教和殖民者的世俗法规[①]是一切民族危机的根源。二者导致爱尔兰长期极端地“贫困落后”[②]，并使处于集体无意识中的民众机械被动地成为天主教和无情的殖民统治意志的服从者。而民众化身的南妮和伊丽莎等人因无力自拔而存在的生命缺陷则使她们总是随波逐流，永远画不出完美的人生图画。小说对她们笨拙地遭受衣裙“从后边被钩住”[③]厄运的

① 爱尔兰紧邻宗主国英国，先后经历了宗教殖民、世俗王权殖民和英国化。大卫·皮尔斯也认为，英国奴役下的爱尔兰，“丧失了自己的语言，政治意志被削弱，……文化扭曲变形，成了荒谬可笑的模仿。凌驾于一切之上的是罗马教廷和英国王权”。转引自陶家俊．爱尔兰，永远的爱尔兰——乔伊斯式的爱尔兰性，兼论否定性身份认同[J]．国外文学，2004(4)：48—49。

② 乔伊斯．都柏林人[M]．孙梁，等译．上海：上海译文出版社，1984：157.

③ 乔伊斯．都柏林人[M]．孙梁，等译．上海：上海译文出版社，1984：6.

描写，隐晦地暗示了民族信仰一边倒的恶果。

如果将神甫变异为沉默的激进反殖民者是对民族命运无比焦虑的宣泄，那么，小说对南妮鞋后跟的描写则是对令人无法容忍却又无可奈何的瘫痪社会现状的犀利反讽。在这个过程中，铲除祸根，摆脱宗教与殖民统治的束缚和蹂躏，不再听天由命慢慢地聚焦为宣泄的中心，使作品中每一个生命的缺陷都在完成向一种精神复苏的转换。由此，尽管死亡是小说艺术架构的重要着眼点，而由其衍生的新生则转化为各种梦想和焦虑宣泄的终点，展示出与乔伊斯后期作品“相同的诙谐、讽刺以及喜剧内涵”①。不断为社会秩序的错位和民族生存危机焦虑的乔伊斯似乎早已认识到：只有通过极端的死亡悲剧，才能使爱尔兰人民“好好地审视自我”②，并从天主教和奴化殖民统治中获得复苏和新生。

---

① Vincent Chen, Vincent J, Timothy Martin, Joyce in Context[M]. New York: Cambridge University Press, 1992:55. 原文为“… displays the same sense of parody and comedy that Joyce's later writings do”。

② Robert Scholes, A. Walton Litz, ed. Text, Criticism and Notes[M]. New York: Penguin Group, 1976:286. 乔伊斯在1906年6月23日给出版商的信中写道，“I seriously believe that you will retard the course of civilization in Ireland by preventing the Irish people from having one good look at themselves in my nicely polished looking-glass”。

五、结语

美国当代乔学家戴瑞克·阿特里奇（Derek Attridge）指出，《一个青年艺术家的画像》是《尤利西斯》的前页，而《尤利西斯》又是《都柏林人》的改版①。因此，当乔伊斯拿起笔，用嘲弄的明镜对准爱尔兰世界，照出它那隐蔽的灵魂②时，所有“有所保留”的文本语境就总是话里有话。而作为《都柏林人》的第一个故事，《姐妹》的双重叙事效果处处体现了这一点。其中所凸现“殖民历史噩梦中那些血腥与暴力的细节，暗中宣泄了大量无法用正常语言尤其是殖民者的语言来表达的情感”③，来释放出作家从精神上解放爱尔兰的梦想，意在唤醒爱尔兰人“钢铁（般）的神经”④。这是乔伊斯以作家的良知唤醒民族意识的开端之一，既架构一个意在追溯历史、文化与现实意义的虚构前提，也是他所有作品中向读者敞开解读的大门里暴露最多的一个方面。

---

① 乔伊斯.尤利西斯[M].金隄，译.北京：人民文学出版社，1994：8.

② Derek Attridge. The Cambridge Companion to James Joyce[M]. Shanghai: Shanghai Foreign Language Education Press, 2000:8.

③ 郭军.“历史的噩梦”与“创伤的艺术”——解读乔伊斯的小说艺术[J].外国文学评论，2004(3)：87.

④ 乔伊斯.尤利西斯[M].金隄，译.北京：人民文学出版社，1994：44.

《伊芙琳》的社会语境与历史隐喻[①]

地处欧陆边缘的爱尔兰虽不是地理实体的东方，但它自12世纪末受到英王亨利二世的关注后，就逐渐沦落至英国的殖民统治之下。从1562年起，伊丽莎白一世统治的英国又曾向它发起多次战争，导致盖尔爱尔兰最终灭亡。可是在1598年，年迈的伊丽莎白一世却向她的大臣们抱怨将大笔金钱花在了与爱尔兰的危险纷争上，而得到的则只是损失和灾难。她为此告诫众人，英国决不能再听任自己的臣民遭受邪恶叛乱者的欺压。

这些赤裸而又颇为反讽的侵略事实，与英国首相威廉·皮特1799年在下院发表的讲话中，提及爱尔兰已是“邪灵附体”[②]等民族辱谩话语，以及被铭刻在19世纪末的爱尔兰民族

① 本文原载于《暨南学报》2015年6月第6期，第140—148页。收入本书时有改动。

② 罗伯特·基.爱尔兰史[M].潘兴明，译.上海：东方出版中心，2010：2.

英雄C.S.帕内尔雕像上的名言[①]等，均说明英爱两国在社会经济与政治等方面形成了极不和睦的关系。

在爱尔兰人民于20世纪20年代争取独立自由的血腥暴动期间，一幅爱尔兰招贴画上还有“切断与英国的联系纽带——导致我们一切政治罪恶之源”的标语。至1946年，即英国政府正式宣布承认爱尔兰共和国的前三年，维多利亚女王的雕像才被五花大绑地搬离了都柏林。20世纪80年代初，一位对北爱前景产生忧虑的爱尔兰政治家还曾以“蜘蛛对苍蝇说，‘请到我的客厅来，这是你见过的最棒的小客厅’”的戏言，讥讽英国政府对爱尔兰与北爱的险恶用心。在1993年12月，当爱尔兰总理阿尔伯特·雷诺兹与英国首相约翰·梅杰共同签署《唐宁街宣言》的时候，人们才意识到，具有强烈民族主义与共和主义传统的爱尔兰政党第一次代表国家及民族庄严地签署了一份重要文件。而一直致力于统一大业的爱尔兰共和军于次年8月底才宣布停火，从政府政务和军事上终结了与英国的长期恶性民族纠纷。

由此可见，爱尔兰曾是英国不折不扣的“东方”异己者。这些史实使20世纪伟大的爱尔兰作家詹姆斯·乔伊斯的小说集《都柏林人》中的第四个短篇小说《伊芙琳》充满迷人的泛音。该小说讲述了一个与篇名同名的孤独少女伊芙琳不堪常年的家庭重负，在受到弗兰克——一个自称水手的来历不明者诱惑而

① “任何人都不能为民族进步划定界限。任何人都没有权利告诉他的国家：你就应当走这么远，不可多走一步……”见罗伯特·基．爱尔兰史[M]．潘兴明，译．上海：东方出版中心，2010：150.

准备离家出走后，却反复思忖，最终放弃出逃的故事。

结合有关史实不难发现，该小说以独特的反讽话语策略与社会语境和历史隐喻关联为基质，揭示了日常家庭伦理矛盾与冲突背后所隐含的核心政治、经济及宗教等话题。

詹姆逊曾在《政治无意识：作为社会象征行为的叙事》中指出，乔伊斯作品充斥着对爱尔兰历史的隐喻。在这一历史指喻里，大英帝国作为一种广义背景的无处不在，使作者的大量文本虚构产生了多种充满东方主义色彩的异质性变化与艺术价值。为此，我们或许可借助后殖民文化理论的标志性人物赛义德所阐释的“东方主义”[①]等理论，重新解读《伊芙琳》。

一、伊芙琳的夏娃原型与历史指涉

哈里·斯通曾指出，对乔伊斯而言，所有女性都是背叛的夏娃[②]。姓名由《旧约》中的人类第一女性“夏娃”（Eve）和“家族/系”（line）两个词拼合而成的伊芙琳则不仅架构了所谓的“背叛”，还通过弗兰克的“Come!”“Evvy!”等貌似亲昵的话语传输了反讽意味深刻的现实意义。被降格为普通人物名称

① 赛义德指出，“东方主义”是一种思维方式，一个文化和政治事实。该词提醒我们，涉及殖民霸权，或者被殖民反霸权等的思维方式和话语有时虽然不与赤裸裸的政治权力构成直接的对应关系，但它们却在与政治、知识、文化和道德等诸多不同类型的权力进行不平衡的交换中屡屡产生和存在。赛义德.赛义德自选集[M].谢少波，韩刚，译.北京：中国社会科学出版社，1999：2.

② 原文为“All women，for Joyce，are Eves：they tempt and they betray”。

之后，"Eveline"的内在指涉不再具有这一神圣名词所蕴含的传统象征意义。她在小说结尾令人费解的举动亦彻底颠覆了这一专有名词所拥有的"延续后裔的天资"和"众生之母"①的经典喻义。

伊芙琳——一个爱尔兰化的"夏娃"，在揭下其神化人格面具之后，似乎消失为"不育夏娃"②的现实化身。她与圣经中的"夏娃"构成了一对充满悖论的对应关系，预言了她艰辛坎坷的人生。故事中，圣女玛格丽特·玛丽·阿尔柯克的画像由此被演化为一个工具格。生前曾遭受风湿、瘫痪等诸多不幸的女圣人影射着伊芙琳必将步她后尘，不断孤独地替他人补偿赎罪，无辜地成为人们各种缺陷的"牺牲品"③。

由反讽话语策略构筑的人物名称不但实现了小说"瘫痪"主题的衍伸，还架构了它与整个小说集中受虐女性的互文关系。《黏土》里的玛利亚是其中的又一个典型。她身负洗衣店里令人哀怜的女工、万圣节前夕的女巫和童贞女玛利亚等三个角色。她不可替代的重要地位同样呼应了人类女性"崇高祖先"的名

① David Jeffrey. A Dictionary of Biblical Tradition in English Literature[M]. Grand Rapids, Mich.: Wm. B. Eerdmans, 1992:252.

② Robert Scholes, A. Walton Litz, ed. The Viking Critical Library, James Joyce Dubliners: Text, Criticism and Notes[M]. New York: Penguin Group, 1976:432.

③ Robert Scholes, A. Walton Litz, ed. The Viking Critical Library, James Joyce Dubliners: Text, Criticism and Notes[M]. New York: Penguin Group, 1976:470.

讳[①]。她象征着伊芙琳的未来，她孤独寂寞的一生也将是放弃出走的后者悲惨命运的“人为结果”[②]。二者如服苦役般长期默默服务家庭的相似命运揭示，恰如《死者》里的两个步履蹒跚、满脸皱纹、头发灰白，象征受难和死亡原始祭祷仪式中悲怆老者的老太太[③]，以及小说集里的其他众多女性一样，伊芙琳与她们同属一群“不育”的夏娃。

因此，伊芙琳的名字没有隐含丝毫的快乐幸福和生命活力，与她相伴的将只有冷漠的“褐色小屋”，以及擦拭不完的“尘土”——沉闷、乏味、无休无止的苦役和死亡的象征[④]，直至生命无声无息地消逝。店里伙伴对她的刻薄言行和父亲的威胁虐待等都不过是其中的外在物质性表现而已。

此外，与弗兰克相关的文本内容则不仅反讽地强化了上述

---

① 乔伊斯原先将小说取名为《圣诞节夏娃》，后来又更名为《万圣节夏娃》，最后才确定为《粘土》，也说明了玛利亚与夏娃在作者原始创作蓝图中的密切联系。见 Robert Scholes, A. Walton Litz, ed. The Viking Critical Library, James Joyce Dubliners: Text, Criticism and Notes [M]. New York: Penguin Group, 1976:300—301.

② Derek Attridge. The Cambridge Companion to James Joyce[M]. Shanghai: Shanghai Foreign Language Education Press, 2000:246.

③ 韦虹.《死者》的雪——一场固态大洪水的隐喻[J].外国语言文学，2009(1):59.

④ 许多评论家对此有共识。Vincent J. Cheng 则进一步指出，“The pervasive dust in the story becomes a correlative for the stagnation and decay of a living paralysis, in which everything settles; in which golden lads and girls all must, as chimney sweepers, come to dust”. Vincent J. Cheng. Joyce, Race, and Empire[M]. New York: Cambridge University Press, 1995:101.

隐喻，还体现了一种历史语境关联。当他的名字被伊芙琳用作普通名词，间接地喻指“坦诚”“直率”[①]等同义词时，小说表面上构架的语义体系也许会让轻信的读者认为他坦陈了对伊芙琳的爱情，并想要带她前往理想的家园。多愁善感的读者可能还会惋惜她最终的木讷举止。但倘若读者知道伊芙琳的全名[②]与维多利亚时期的两部分别名为《伊芙琳：一个从未被发现的富有女士的冒险经历》（*Eveline, or the Adventures of a Lady of Fortune Who Was Never Found Out*）和《范妮·希尔》（*Fanny Hill*）[③]的色情文学作品有关，而弗兰克的名字则源自同时期一个名为《弗兰克与我》（*Frank and I*）的中篇小说，描写的是一部有关自行鞭笞以赎罪的教徒的故事时，则会发现，伊芙琳过于天真轻信，而弗兰克身上疑点重重。在上述背景信息的衬托下，二者的名字恰似反讽地再次颠覆其字面喻义，掩盖了一个即将摧毁不幸少女一切美好幻想与希望的卑劣阴谋。

弗兰克古铜色水手般的脸，及其不确定的种族/民族身份表明他是一个“危险的他者”[④]。他悄悄地与下班后的伊芙琳频繁

① David Jeffrey. Lyle. A Dictionary of Biblical Tradition in English Literature [M]. Grand Rapids, Mich.: Wm. B. Eerdmans, 1992:355.

② 也有人指出，伊芙琳的名字源自托马斯·莫尔的诗歌*Eveline's Bower*。James Joyce. Dubliners—with an Introduction and Notes by Terence Brown[M]. London: Penguin, 1992:253.

③ 刘意青将其译为《范妮·茜尔》，并指出，该书又名《一个追欢寻乐的女人回忆录》。

④ Katherine Mullin. James Joyce, Sexuality and Social Purity [M]. New York: Cambridge University Press, 2007:69.

约会，带她去剧院看戏，为她唱歌，向她讲述充满异域风情的浪漫故事，甚至貌似郑重地做出了娶她为妻，给她一个位于布宜诺斯艾里斯的家的空头许诺等求爱方式则花哨可疑。尤为可疑的是，在伊芙琳与父亲为他而产生口角时，他不是费尽心机地博取长辈的理解、信任和祝福，而是助长两人之间的裂痕，使伊芙琳越发不满父亲的暴虐，继而激发了其逃离家庭的动机。这些细节使弗兰克与曾令无数外迁的爱尔兰少女惨遭不幸的“道德杀手”[①]极相匹配。

当代英国乔学家戴瑞克·阿特里奇指出，在小说文本的多处语句里，伊芙琳强调性地直呼弗兰克的名字，显然是为了使小说世界里的这个词与读者脑海里的形象截然分开。这既达到了该词与人物刻画的犀利反讽效果，又产生让读者认真思考必要事实的功效[②]。而当时在爱尔兰影响巨大的移民和反移民运动便极有可能是与此密切相关的必要事实之一。

爱尔兰人向外移民始于18世纪。在19世纪中期至20世纪初七十年左右的时间里，历经数次土豆歉收后的普遍饥荒使这一赤贫农业国的经济处于崩溃状态。1845年的大饥荒导致的罪恶之一便是移民规模空前高涨。无以果腹的饥民常成群结队地设法逃离祖国。外迁美洲殖民地就曾是饥荒后的爱尔兰广大民

① Katherine Mullin. James Joyce, Sexuality and Social Purity [M]. New York: Cambridge University Press, 2007:60.

② Derek Attridge. The Cambridge Companion to James Joyce [M]. Shanghai: Shanghai Foreign Language Education Press, 2000:8.

众几乎唯一的求生出路。而向澳大利亚等所谓缺乏女性的殖民地输送年轻的女孤儿则始于一项颇具争议的爱尔兰政府移民计划。至19世纪50年代中期这一计划中断时，已有4000名左右的女性移民被输出海外[①]。这一持续多年的独特移民现象伴生出许多罪恶行径，首都都柏林曾一度成为国际女贩子经常出没的场所。类似伊芙琳这样年轻单身而又有点文化的女性则是人口贩子利用欺骗、药物麻醉等方式不择手段获取的对象。然而在很长一段时期内，为谋生而走出国门的女性及其坎坷遭遇并无人重视。

直到1880年至1920年间，大批年轻单身女子加入移民潮的异常现象才引起了爱尔兰社会广泛的道德恐慌[②]。因为此时，这些女子前往的目的地大多为阿根廷的布宜诺斯艾里斯，而那里却是当时国际知名的葬送无数品德高尚的欧洲社会底层少女纯真梦想的坟墓，更是一些失踪女性的人生终点及归宿[③]。出于对社会纯洁性的焦虑，情绪激昂的爱尔兰人曾在都柏林遍贴宣传海报阻止有移民倾向的女性，有固定船只经由英国的利物浦等港口通往海外的北墙码头成为他们防范的重点。有人甚至专门为此写出了警世小说，以警戒社会和有此移民倾向的少女及家

① 格雷.爱尔兰大饥荒[M].邵明，刘宇宁，译.上海：上海人民出版社，2005:102.

② Katherine Mullin. James Joyce, Sexuality and Social Purity [M]. New York: Cambridge University Press, 2007:60.

③ Katherine Mullin. James Joyce, Sexuality and Social Purity [M]. New York: Cambridge University Press, 2007:70.

庭。而《爱尔兰家园报》（*The Irish Homestead*）不仅以连载方式刊登了《都柏林人》的《姐妹》等前三篇故事①，而且始终坚定地站在阻止移民，呼吁停止人口锐减运动的前列。该报的明确立场便是——移民并非实现个人理想的有价值冒险，男性移民是对爱尔兰的背叛，女性移民则更为严重②。

因此可以说，弗兰克常来都柏林的目的显然是要在最短的时间里赢得伊芙琳的信任，接下来，他便要尽快带她前往被他吹嘘成人间天堂的布宜诺斯艾里斯——一个颇具隐蔽性与言外性的能指。大量文本信节使他成为结构功能上的反家庭因素，预示他即将对伊芙琳实施其早已驾轻就熟的永久性卑劣伤害和“文化劫持”（cultural hijack）③。而陷入“移民偏执”（emigration paranoia）④的伊芙琳却似乎对此毫无防范。她渴望的“出逃”于是成为移民和外迁，即“背叛”的同义词。小说中，她生性轻率，爱看戏剧，不满家庭生活，反抗家长权威，并在弗兰克的怂恿下产生越来越多的疏远亲人感等因素，也使她具备了与许多失足和失踪少女共有的特性。渴望去家庭以外

① Robert Scholes, A. Walton Litz, ed. The Viking Critical Library, James Joyce Dubliners: Text, Criticism and Notes [M]. New York: Penguin Group, 1976:230.

② Katherine Mullin. James Joyce, Sexuality and Social Purity [M]. New York: Cambridge University Press, 2007:58-59.

③ Katherine Mullin. James Joyce, Sexuality and Social Purity [M]. New York: Cambridge University Press, 2007:65.

④ Katherine Mullin. James Joyce, Sexuality and Social Purity [M]. New York: Cambridge University Press, 2007:66.

的地方获取“兴奋激动”体验的伊芙琳，似乎遗传了流淌在爱尔兰人血液里的一种先天性传染病[①]。

种种迹象显示，不谙世事的伊芙琳即将成为老练的弗兰克轻易得手的猎物，一个供他带回去赚大钱的“美丽商品”（fair merchandise）[②]。这一点由伊芙琳在小说结尾时看到的移民船和它的“黑色阴影”这一双关语预示出来，并预言她的不幸出走必将带来凶险邪恶和亵渎神灵的牺牲[③]。阿兰·R.若利曾指出，轮船的“黑色阴影”原本是一个不带恶意的描述语，但在伊芙琳反复思忖的行为中，它却内含了某种污秽不敬的邪恶力量。一旦登上这条移民船，离开熟悉、安全的陆地，她便只能听从弗兰克的摆布。她将很快被迫违背教义，而爱尔兰天主教的强大文化符码则必然会为其行为定罪[④]。由此，已沦为家庭经济牺牲品的无辜少女又将可悲地成为民族政治和宗教文化的牺牲品。而布宜诺斯艾里斯则成为女性背叛的同义词，它声名狼藉的恶风在无知读者的无意识中刮遍了整个故事[⑤]。

---

① Katherine Mullin. James Joyce, Sexuality and Social Purity [M]. New York: Cambridge University Press, 2007:61.

② Katherine Mullin. James Joyce, Sexuality and Social Purity [M]. New York: Cambridge University Press, 2007:77.

③ Katherine Mullin. James Joyce, Sexuality and Social Purity [M]. New York: Cambridge University Press, 2007:81.

④ Alan Roughley. James Joyce and Critical Theory: An Introduction [M]. Ann Arbor: The University of Michigan Press, 1991:85.

⑤ Katherine Mullin. James Joyce, Sexuality and Social Purity [M]. New York: Cambridge University Press, 2007:79.

当时担任《爱尔兰家园报》的主编乔治·鲁赛尔曾给乔伊斯提出了要“迎合普通理解力”[①]的建议，乔伊斯无疑听从了。不过，他也同时增添了个人独特的书写符码与形式技巧，使小说中类如伊芙琳的“也许，还会给她爱情”[②]等看似普通的内心独白充满了对弗兰克身份及其各种行为质疑的强力泛音，并以她最终放弃出逃的结尾巧妙地重申了该报纸对待移民，尤其是对潜在女性移民的坚定立场[③]。为此不难理解，当伊芙琳来到必定贴有大量宣传海报的都柏林北墙码头——一个象征道德沉沦与唤醒灵魂的二元对立战场——想起同胞对年轻单身女子的警示而不得不祈祷上苍的指示时，她一反常态地对弗兰克的呼唤做出的怪诞反应[④]揭示，她终于看清了后者的阴险嘴脸。

---

① Robert Scholes, A. Walton Litz, ed. The Viking Critical Library, James Joyce Dubliners: Text, Criticism and Notes [M]. New York: Penguin Group, 1976:64.

② James Joyce. Dubliners—with an Introduction and Notes by Terence Brown [M]. London: Penguin, 1992: 33.

③ Robert Scholes, A. Walton Litz, ed. The Viking Critical Library, James Joyce Dubliners: Text, Criticism and Notes [M]. New York: Penguin Group, 1976:64.

④ Katrin Korkalainen将此看作“对话瘫痪”(conversational paralysis)，并指出，“The wish to break free is there, but her weak and low self-confidence, her lack of determination and her compulsory servility, which are rooted in her past character-shaping experiences of life and death, keep her confined to a temporal realm of permanence and prevent her from progressing, changing, from moving on”. Katarzyna Bazarnik ,Bozena Kucala (eds). James Joyce and After: Writer and Time[M]. Newcastle upon Tyne: Cambridge Scholars, 2010:83.

在她的意识世界里，弗兰克的“Come!”和“Evvy!”等不断催促她登船的呼唤，从充满诱惑和令她兴奋不已转变为从隐蔽到公开的陷阱，让她意识到他先前的承诺只不过是纯粹的谎言，从而激起了她最终的沉默——一种变形的反抗。因为爱尔兰化的“不育夏娃”虽然不能繁衍后代，但却能够主动逃离道德沦丧的家庭与社会[①]。乔伊斯的诗歌，《火炉冒出的煤气》与《呵，爱尔兰，我最初和惟一的爱人》，以及“我希望你们能够看见，当我想起/移民的火车和轮船时，我怎样泪流不止”[②]等诗句，似乎也能够佐证伊芙琳的出走企图与爱尔兰移民之间的关联。

二、伊芙琳的“囚徒”困境与殖民霸权话语关联

汗娜·沃斯–那舍尔等曾指出，伊芙琳是一个“胆怯而又有责任感”的少女，害怕来自以父亲和弗兰克为代表的男性世界的种种要求[③]。为此，她对家庭的责任感和未来的恐惧感阻止了

① James Joyce. Dubliners—with an Introduction and Notes by Terence Brown [M]. London: Penguin, 1992: 29.

② 乔伊斯.乔伊斯诗全集[M].傅浩，译.石家庄：河北教育出版社，2002: 142.

③ Bernard Benstock. James Joyce, the Augmented Ninth [M]. Syracuse: Syracuse University Press, 1990:287.

其出走[1]。这些观点虽片面强调了伊芙琳心理矛盾中的个人情感因素，但也揭露了由两个男性对她蓄谋和实施的、掩盖在家庭关系名目下的暴力与霸权。

在缺失母亲的合法家庭中，父亲对伊芙琳的暴虐亲情充满严厉的苛责，使她的生活不时鸣响警钟，其主要表现就是他动辄对她无情辱骂与威胁。小说一开始的“tired”和第三段的“Home!”等内涵丰富的心理话语，以及她自问为什么要受苦，憧憬在遥远而又陌生的地方受人尊重，得到疼爱与保护等渴望幸福的心理行为，既流露出她对不能满足自身基本需要的家庭生活的极端厌恶，也为她暗自计划的出走罗列了充足理由，充分展示她是专制父权暴力下的家庭经济牺牲品。

她对在童年玩乐正酣时，父亲却常常提着一根刺李木拐杖将她和兄弟姐妹们撵回家，冷酷地切断她与小伙伴的交往，展现了她自那时起就被家庭牢牢限定的畸形生活方式。她回想自己工作的店里如万小姐对她的刻薄态度，并暗自揣摩伙伴们发现她私奔后可能产生的议论，则从社会大家庭的外延层面表明，以守约和尽责为中心的家庭与社会长期对她进行了压制与改造，不断地从精神上削弱她应有的个人权力意识，其实质是对她这一弱势伦理个体意志的暴力扭曲。这些情节使无名父亲的形象一再失落，成就了《伊芙琳》对女主人公和她母亲两代女性主体的心理传记。

---

① Richard Peterson. James Joyce Revisited[M]. New York Toronto: Twayne Publishers, 1992:29.

在与身份不明的外来者弗兰克的交往中，初次体验了兴奋和快乐滋味的伊芙琳仿佛不再是被家庭霸权话语生产与控制的羸弱女性。她似乎看穿了男性家长施与女性和孩子的暴力，以及母亲在恪尽职守的生活中无辜牺牲背后所隐含的艰辛历程和人权丧失。她不愿忍受母亲身上所反映的两个最为女性惊恐的原型恐惧，一个是成为母亲，另一个则是成为阁楼上的疯女人①。为此，回想经历了这两个角色的母亲发疯而死的悲惨遭遇时，她害怕地惊跳起来，想象弗兰克会将她抱在怀里，以及回忆他开玩笑地叫她“小宝贝”等细节揭示，在无法摆脱种种困境的情形下，她宁可尝试借助弗兰克铤而走险，朝着与家庭伦理和社会道德背道而驰的方向迈进，也不愿坐待母亲的覆辙。

但小说对弗兰克不期而至的描写并非为表现伊芙琳趁机大胆满足久已匮乏的亲情、母爱与友情，以便应对父亲越来越肆虐的暴力威胁，以及缓和与店里伙伴的紧张关系，而是突出她喜欢弗兰克的动机竟然是他使她产生了兴奋感，有了“亲密伙伴”（have a fellow）②这一荒唐逻辑。

阿特里奇曾指出，乔伊斯这样塑造伊芙琳，将早年深受易卜生影响而产生的家族前景压力感潜移默化地植入她的头脑③，

① Vincent Chen, James Joyce. Race, and Empire[M]. New York: Cambridge University Press, 1995:103.

② James Joyce. Dubliners—with an Introduction and Notes by Terence Brown [M]. London: Penguin, 1992: 32.

③ Derek Attridge. The Cambridge Companion to James Joyce[M]. Shanghai: Shanghai Foreign Language Education Press, 2000:69.

不是为颠覆故事内容与形式之间的关系，而是要以这样的个体渴望摆脱极端的情感匮乏，快速建立毫不现实的荒诞爱情故事为实体，揭示她在特殊家庭关系掩盖下的爱情只有“极端不稳定性”①。小说中，伊芙琳怀揣也许弗兰克还会给她爱情的渴望，计划前往远方缥缈的家，则不但确证了二者之间爱情的不稳定性，还质疑了其存在的可能性，表明她其实深知弗兰克的浪漫并不意味着对她的拯救。相反，他只是引起她对家庭内部与社会的控制手段爆发更多敌意反应，并成为她在种种重压下向往通过逃离故土来摆脱家庭不幸的工具和导火索。仅仅是在这一点上，他成了她意想不到的“伙伴”。这一心理语言还表明，她的“伙伴”意识虽然应许了他的出逃计划，但在以谈情说爱为掩饰的短暂交往中，她对他并无爱意与同谋。他只是她为实现个人目的而被迫暂时依靠的工具。

然而，由于弗兰克在二者的交往之中始终处于主导地位，二人微妙的两性伙伴关系随即预示着伊芙琳最终会落入任人摆布的危险陷阱。更为危险的是，鉴于弗兰克诡异的特殊身份，该人物同父亲一样在对伊芙琳严厉控制与苛责，并迫使她承担繁重劳动之外，可能还会对她提出超过正常男女关系的特殊要求。这使伊芙琳期待的缥缈爱情突变为一种命途多舛的异性再控制。当父亲严禁她与弗兰克来往，继而引发了她与父亲越来越多的隔阂时，表面上静若止水，而实则隐含了大量激烈对抗

① Derek Attridge. The Cambridge Companion to James Joyce[M]. Shanghai: Shanghai Foreign Language Education Press, 2000:57.

的故事框架就超越了起因于责任义务与个人情感之间矛盾的悲剧。

在《三个女性文本和一种帝国主义批判》一文中，斯皮瓦克曾指出，简·爱之所以从反家庭成员转变为合法家庭成员，是因为帝国主义公理性的意识形态[1]给小说提供了有效的话语场。但是，当表现内部操纵与欺骗功能的同一意识形态以相反的话语场出现在《伊芙琳》中时，其女主人公伊芙琳则从合法家庭成员转变为反家庭成员。这意味着该人物应有的家庭权力不仅会在精神上被继续削弱，而且一旦她孤身一人前往海外，她还将面临在法律及私生活等方面被剥夺更多权力的危险。这些文本架构使该人物的"责任感"与"恐惧感"的核心源泉指向对男性控制的不情愿臣服。

在20世纪前后的爱尔兰社会与历史语境中，控制、不情愿臣服和反叛等词汇极易使人们将其与当时的一大批有识之士坚持反抗英国殖民统治，强烈要求独立，却多次遭受宗主国残酷镇压的现状联系起来。葛兰西曾提醒人们，臣服与意识形态是殖民统治过程中的绝对中心问题[2]。而作为培育殖民统治的天然土壤，家庭与社会不仅可以掩饰"臣服"中的血腥暴力与心灵扭曲，在特定条件下，它们又反过来成为最佳揭橥介质。乔伊

① 张中载.二十世纪西方文论选读[M].北京:外语教学与研究出版社，2003:665.

② Ania Loomba. Colonialism / Postcolonialism [M]. London New York: Routledge, 1998:31.

斯的文笔素来具备的“超越其直接意指性内容的含义”[①]，使伊芙琳的故事显豁地揭露了这样一片土壤。它以日常家庭生活和社会活动为媒介，隐蔽地输入了大量暴露英国黑暗殖民统治的文化符码。为此，伊芙琳这一郁居家庭的社会成员就构成了附着在颠覆殖民统治体系及其意识形态合法性的表意链[②]上的一个点。在《一个青年艺术家的画像》（1916）中，伊芙琳居住的那种闭塞孤独的褐色小屋被隐晦地描写成“爱尔兰瘫痪的化身”，使无法摆脱为父亲服苦役的生活而被囚禁其中的该人物变成了一个可怜的“囚徒”[③]进一步表明，身心遭受重重压迫与围困的伊芙琳还是这个链条上最为可悲和脆弱的一环。这使她的个体行为超越了其价值体系的等值迁移，其最终沉默不语的心灵反应传播了小说对社会主体意识形态的反建构。

柯林·马克比指出，被父亲的指令所定义的伊芙琳不能允许自己另有其他明确身份。而一旦局限于这些指令所提供的空间，她就再也找不到诉说自我意愿的空间了。她在故事结尾茫然不语，是因为将她凝固的特定瘫痪是一种“语言的混乱无

① 詹明信.晚期资本主义的文化逻辑[M].北京：生活·读书·新知三联书店，2013：52.

②《都柏林人》中的每一个故事里都有这一链条上的典型代表，例如《姐妹》中的福林神父，《阿拉比》中的小男孩，以及《一片小小的浮云》中的小钱德勒等。

③ Robert Scholes，A. Walton Litz, ed. The Viking Critical Library，James Joyce Dubliners：Text，Criticism and Notes［M］. New York：Penguin Group，1976：332.

序”[①]。这是导致她最终失语与行为僵直的另一个症结所在。因为她失去的是殖民宗主国的语言——英语，其中饱含殖民霸权的逻辑，无处不在表现、复制其自身并制造阶级和种族的不平等。为此，伊芙琳的失语比语言本身更能促成小说对当时爱尔兰社会进行分析的资源，其背后的文化符码及其文本附加物则屡屡以男性霸权形态对女性社会个体进行无情改变和渗透，进而时时影射着英帝国的殖民霸权意识，说明被不断贬抑的女主人公的心灵结局只能是比青年艺术家斯蒂芬·戴德勒斯等更为悲惨的“囚徒”。

洪堡特亦曾指出，“语言是一个民族的精神”[②]。伊芙琳的失语与她母亲临终前以爱尔兰方言发出的著名疯癫诳语——毫无意义的胡言乱语，或者“欢乐的终点是痛苦”，“颂歌的终点是语无伦次的疯狂”[③]——表面上是又一个“语言的混乱无序”，而实则是缺失的爱尔兰民族语言和精神、文化以及家庭教育的隐性在场。这些文本情节共同以暴力反抗的对立面和畸形变体形式，犀利地影射揭露英帝国的暴力殖民统治不仅扩大和激化了爱尔兰在地缘政治上与外界的疏离和隔阂，也导致其国民在语言、历史，甚至家庭教育等方面遭受了灾难性的侵略和掠夺。

① Colin MacCabe. James Joyce and the Revolution of the Word [M]. New York: Palgrave Macmillan, 2003.32.

② 刘润清.西方语言学流派[M].北京:外语教学与研究出版社,1995:57.

③ Robert Scholes, A. Walton Litz, ed. The Viking Critical Library, James Joyce Dubliners: Text, Criticism and Notes [M]. New York: Penguin Group, 1976: 255-256.

三、伊芙琳的"背叛"与社会焦虑及道德恐慌

《伊芙琳》首先以第三人称全知视角展开女主人公的精神世界，继而大量地借助她的内心独白、心理幻想和倒叙回忆等表现手法，再现了这位年仅十九岁，但却饱受生活煎熬和压抑的少女苦苦地支撑一个特殊家庭的生活片段。在透视了她孤独矛盾的心理历程之后，小说又迅速地转换为第三人称有限视角，叙述她在码头无助的神秘瞬间，干净利落地结束了她内心各种矛盾升级的全过程。

这种叙事框架以该人物最终表征异常的生理与心理反应，塑造了一个被迫一次次否定自我和梦幻破灭的悲剧人物，表达了她精神遭受重重压迫的极致状态。身为被极端边缘化的"被压迫者中的受压迫者"①，伊芙琳所经历的痛苦身心磨难经过扭曲变形，最终揭下了她游移不定的面纱，使她在小说结尾以颇似"无助动物"②的面孔走向了剧烈反叛的对立面。将少女畸变为动物的悲剧性结局再次以犀利反讽的方式呼应了整个小说集

① Derek Attridge. The Cambridge Companion to James Joyce[M]. Shanghai: Shanghai Foreign Language Education Press, 2000:245.

② James Joyce. Dubliners—with an Introduction and Notes by Terence Brown [M]. London: Penguin, 1992: 34.

所具有的“同一性”叙事结构和彼此呼应的瘫痪主题模式。[①]

乔伊斯是在外有殖民统治，内有共和党人和民族主义者长期争斗不休的复杂大环境下成长起来，他始终将其所处的环境看作是被无法计量且差异巨大的文化、哲学、宗教、伦理与政治等所充斥，并粗暴地在殖民文化的同一假面下联结而成的一个整体[②]。但既不完全摒弃传统，同时又不在精神上紧紧依附于它的乔伊斯也清醒地认识到，只借助传统这座灯塔来考察宗教与伦理等的审美理论毫无价值[③]。而女性则不过是他严厉地谴责爱尔兰无处不在的欺骗和背叛等卑劣行径，间接地叙述男性从青春期到成熟期不同成长阶段的一种基本工具[④]。因此，在他饱含民族主义政治叙事的小说文本里，最醒目的主题便是背叛和文化侵略[⑤]。《伊芙琳》开头的一句话，“She sat at the window watching the evening invade the avenue”[⑥]，隐含了有关文化侵略

① Robert Scholes, A. Walton Litz, ed. The Viking Critical Library, James Joyce Dubliners: Text, Criticism and Notes [M]. New York: Penguin Group, 1976: 316.

② Maria Eide. Ethical Joyce [M]. Cambridge: Cambridge University Press, 2004: 9.

③ Derek Attridge. The Cambridge Companion to James Joyce [M]. Shanghai: Shanghai Foreign Language Education Press, 2000: 57.

④ Derek Attridge. The Cambridge Companion to James Joyce [M]. Shanghai: Shanghai Foreign Language Education Press, 2000: 245.

⑤ Derek Attridge. The Cambridge Companion to James Joyce [M]. Shanghai: Shanghai Foreign Language Education Press, 2000: 35.

⑥ James Joyce. Dubliners—with an Introduction and Notes by Terence Brown [M]. London: Penguin, 1992: 34.

的第二种主题，其中每个词语都传达出19世纪末占据统治地位的小说创作强调现实主义的传统[①]。而有关背叛的第一种主题则由伊芙琳和小说集中的其他女性人物，甚至《尤利西斯》中布鲁姆的妻子摩莉等人物生动地表现出来。在乔伊斯笔下，几乎所有女性都与伊芙琳一样，在背叛家庭亲情或者爱情的浮躁表象背后，隐藏着女性与传统伦理和不公正现实的“对抗”[②]。

在《都柏林人》中，宽广的“大海”象征神圣的洗礼盆，是几乎所有人物都热切渴望而终不可及的[③]。伊芙琳最终拒绝登船，除了害怕被巨大的洗礼盆般的大海和大洋彼岸对女性的罪恶淹没以外，还因为大海象征遥远陌生的国度，是人生珍贵的希望和目标。其中的海水既象征洗礼盆和圣杯内的圣水，是人

---

① Derek Attridge. The Cambridge Companion to James Joyce[M]. Shanghai: Shanghai Foreign Language Education Press, 2000:245.

②《寄居所》中，穆民太太和她同时演绎诱惑主题的女儿波莉是一对头脑精明的叛逆女性。母女二人默契配合，共同威吓令任性轻浮的波莉未婚先孕的多伦先生成婚，成功地背叛了男权中心的传统伦理。即便背叛并非处处得手，但小说集仍以《悲痛的往事》中的辛尼科太太，《母亲》中遭受过挫折而又善于操控的卡尼太太，《死者》中的格莉塔·康罗伊等多个实例演绎了对抗传统和现实的女性。乔伊斯的《尤利西斯》中的莫莉·布鲁姆，以及《一个青年艺术家的画像》中以牛奶为水招待陌生客人的乡村妇女等亦是给人深刻印象的典型同类女性。

③ Robert Scholes, A. Walton Litz, ed. The Viking Critical Library, James Joyce Dubliners: Text, Criticism and Notes [M]. New York: Penguin Group, 1976: 326.

的灵魂定位之所在[①]；又有波动变幻与潜伏着危险，以及死亡与再生的象征意象。[②]面临这般塑造灵魂的洗礼，心中只想着摆脱眼前困境，重新定位自我，却并没有把一去不返的浪漫旅行当作人生终点的伊芙琳自然会犹豫不决，表现木讷。

因为从未丧失理智的她非常清楚，她要前往的是一个生活着放荡不羁的“波西米亚女郎”的未知国度，不是她灵魂的归所。当她内心原本就已经矛盾重重的情感又被催促旅客登船启航的铃声，以及弗兰克这一陌生他者的呼唤完全迷乱时，背叛成为她平衡各种复杂矛盾的救命稻草和唯一选择。小说的叙事逻辑无疑强调，依赖幻想和不可靠的外来力量改变人生的不现实梦想只能如同大海里不断汹涌翻滚的浪花一般，很快将化为泡沫消失殆尽。为此，伊芙琳最终拒绝登船在指涉整个小说集瘫痪主题模式的基质上，还揭示了一种“民族觉醒”[③]。而乔伊斯以伊芙琳这样一个孤独少女奇特的“背叛”面孔，来揭露社会的道德恐慌，则笔锋犀利地为“瘫痪”的爱尔兰书写了其民

① Robert Scholes, A. Walton Litz, ed. The Viking Critical Library, James Joyce Dubliners: Text, Criticism and Notes [M]. New York: Penguin Group, 1976: 329.

② Robert Scholes, A. Walton Litz, ed. The Viking Critical Library, James Joyce Dubliners: Text, Criticism and Notes [M]. New York: Penguin Group, 1976: 328.

③ Katherine Mullin也认为，伊芙琳最终拒绝登船指涉的不是瘫痪，而是一种“民族觉醒”。Katherine Mullin. James Joyce, Sexuality and Social Purity [M]. New York: Cambridge University Press, 2007: 59.

族“道德史”[1]中的一个精彩篇章。

四、结语

《伊芙琳》对同名女主人公的塑造体现了乔伊斯惯于隐晦地将爱尔兰社会传统和陋习碎片化处理，继而越来越清晰地在互不相连的情节中展现主题关怀和反映现实的创作艺术。在批判现实的层面上，乔伊斯在对伊芙琳静态至瘫痪的背叛主题建构中，更多是试图揭示爱尔兰传统的民族精神消失在由众多“瘫痪”个体所代表的普遍性[2]当中。这种叙事风格导致强大而富有生命力的前者不断被后者取代，突出了一种“契诃夫式的表现现实的风格”。[3]

小说的反讽话语策略与社会历史语境关联，则一方面展现出在乔伊斯充满奇异幻想和反映现实的两种顿悟模式里，后者以琐碎粗俗的日常言语、表情及姿态成就了小说集所有故事的写实性特色，建构了“批判和暴露一种乔伊斯斥之为瘫痪文化

---

① 这是乔学界经常引用的一个关键词，出自乔伊斯于1906年5月5日写给出版商Grant Richards的信件。Robert Scholes , A. Walton Litz (eds). The Viking Critical Library, James Joyce Dubliners: Text, Criticism and Notes, [M]. New York: Penguin Group, 1976:269.

② Derek Attridge. The Cambridge Companion to James Joyce[M]. Shanghai: Shanghai Foreign Language Education Press, 2000:9.

③ Derek Attridge. The Cambridge Companion to James Joyce[M]. Shanghai: Shanghai Foreign Language Education Press, 2000:264.

的真实面目”[①]。另一方面，这种模式又从无法放弃家庭选择逃走，同时却不愿留下而陷入母亲式泯灭自我天性的伊芙琳身上，再现了20世纪前后的爱尔兰人对自身身份认知的矛盾、混乱与恐惧，并阐明了乔伊斯反对将爱尔兰民族性英国化或者波希米亚式异邦化的主张。其目的是以一种陌生化的方式疏离庸俗、琐碎、混乱的都柏林生活[②]。这些文本架构在还原现实的同时，还能够帮助人们重新审视其中所隐含的爱尔兰社会困境。

在《‘环绕帝国主义的排水管’：后殖民主义和后现代主义》一文中，琳达·哈琴曾引用罗兰·威尔的话，指出爱尔兰人“是反讽和咒骂的大师”[③]。而乔伊斯所拥有的批判现实和凝聚主题的反讽天赋则使他无愧于大师中的大师。他在《伊芙琳》中的反讽话语策略扩大了读者阅读的疆界，激发了文本多处逻辑的必然性转换，最终导致发生在家庭与码头之间的平凡故事极大地超越了文本表层的语言视界。因此，小说表面上以描写女主人公的爱情与亲情的伦理纷争为主线，实则却以其圣经化人格面具背后所隐含的复杂矛盾和象征意旨为主旨，以及其中令人着迷的功能性结局为警示，阐明了小说主题关怀与近代爱尔兰移民潮之间的密切关联。通过特殊的女性话语再现和社会

① Derek Attridge. The Cambridge Companion to James Joyce[M]. Shanghai: Shanghai Foreign Language Education Press, 2000:123.

② 陶家俊.爱尔兰，永远的爱尔兰——乔伊斯式的爱尔兰性，兼论否定性身份认同[J].国外文学，2004(4):50.

③ 罗刚，刘象愚.后殖民主义文化理论[M].北京:中国社会科学出版社，1999:504.

历史语境布局，小说隐蔽地揭露了英国对爱尔兰的东方主义殖民压迫和霸权方式。在有关反殖民霸权话语建构的过程中，小说描绘的日常家庭伦理矛盾与冲突背后隐含着核心的社会政治、经济及宗教等话题，而对其静态的剖析与隐晦的批判则表现了乔伊斯强烈的反殖民意识形态。

金斯堡诗歌批判与决裂传统的主题[1]

在《美国文学研究新方向：1980—2002》一文中，埃默里·埃利奥特与克莱格·萨旺金从文学史、文化史和思想史，种族构建/跨种族文学/白人现象研究，后民族/后殖民研究，在种族、阶级性别研究领域打破彼此孤立的思路及实践，作品争论，美学与文学影响力研究等方面，概括了这一时期的批评家对美国文学研究及批评创作“何去何从”问题的思索。在“主题批评”一节中，他们提出，虽然声称主题史或者思想史研究已经归来可能稍显夸张，但从A. O.拉夫乔伊1936年发表的《存在的巨链：一种思想史研究》（*The Great Chain of Being: A Study of the History of an Idea*）来看，评论界自那时起就以崭新、复杂而又具体的形式，对思想、主题和意识形态的研究开始了健康的复苏。他们还进一步明确指出，20世纪末至21世纪初的思想和主题研究与过去相比截然不同。过去的思想和主题批评

① 本文原载于《历史进程与文学嬗变：新世纪英语文学研究》一书，王守仁主编，南京大学出版社2014年版，第209—221页。收入本书时有改动。

强调连续性和统一性，而当代则将注意力集中在历史和哲学的非连续性上，并试图对具有哲学性的内容“重新体现”，使之成为历史[①]。这些是本文展开讨论的重要依据，因为正如艾略特在《传统与个人才能》中所指出，“诗人的思想实际上是一个贮藏器，攫取、储藏着无数感觉、短语和意象，直到所有的因素齐全，结合起来形成新的组合之后，方才显现出来”[②]。战后美国诗歌对传统的批判与决裂，既反映了诗人蕴藏及表现思想的个人才能，又折射其中被蕴藏的无数对象所产生令人耳目一新的新组合。尽管这些组合可能曾因诗人的极端表现形式而引起巨大争议，但在跨越连续性和统一性研究诗歌作品的思想与主题同时，我们却始终不能忽略这两种特性在历史与哲学上的表现。如此一来，则似乎只有将埃利奥特所归纳的过去与当代不同研究重心相结合，方能摆脱人们对战后美国诗歌作品过于本质主义的偏见，帮助人们对其中文学现象的本质产生理性反思。

著名当代美国诗歌评论家海伦·文德勒在《当代美国诗歌》（*The Harvard Book of Contemporary American Poetry*）的前言中指出，每一个当代美国诗人都保留了部分美国文化，如同戏剧与小说一般，社会题材类型的诗歌将人与人之间的生活风貌保留下来，而注重个体性的抒情类诗歌所维持的是人们内心生活的原貌。从这个意义上来说，诗歌具有历史功能，也即华兹华斯

---

① 埃默里·埃利奥特，克莱格·萨旺金，美国文学研究新方向：1980—2002[J].当代外国文学，毛祖友，译，2007(3)：145.

② 朱刚.二十世纪西方文论[M].北京：北京大学出版社，2006：63.

所说，诗歌就是情感的历史，或者更精确一点说，是情感的历史与科学①。“垮掉的一代”代表诗人金斯堡（1926—1997）的诗歌仅有少量反映了人与人之间的生活风貌，如《卡迪什》等，而更多的则注重人们内心生活的原貌，如《我的悲哀的自我》与《在加尔各答的最后一夜》等。以他的若干代表作品为例，辨析战后美国诗歌中有关社会题材与个体性抒情所具有的“哲学性”内容，对其中的批判与决裂传统主题进行“重新体现”，挖掘战后美国诗歌掩盖在诗学语言及形式游戏下的哲学思想和意识形态“历史性”，将是本文呈现的主要内容。

一、批判与决裂主题

不少学者赞同金斯堡的一声《嚎叫》（*Howl*，1956），开启了战后美国诗歌反传统的新潮流。垮掉派诗歌以及60年代的民权运动、反越战和女权运动等对后继诗人及读者震撼巨大，为诗歌深入政治及公共领域，乃至越来越趋向于中产阶级化和大众化提供了必要的萌发条件。这其中展现的诗歌多元化及通俗化等使美国诗歌不再是为少数才华横溢的精英分子垄断的高雅文学，而是逐渐进入人们的日常生活，并开启了达纳·乔伊埃刊登在1986年5月号的《大西洋月刊》里的《诗歌重要吗？》一

① Helen Vendler. The Harvard Book of Contemporary American Poetry[M]. Cambridge: The Belknap Press of Harvard University Press, 1985:7—8.

文中所谓的“黄金时代”[①]。

金斯堡诗歌中所谓的“反传统”抑或反叛因素，首先是指他创作于1955—1956年间，并在1957年被旧金山城市之光出版社出版的代表作《嚎叫》。该诗作使依旧生活在“和谐的五十年代”（a harmonious 1950s）[②]梦幻中的普通美国读者无比震动惊骇。诗中频繁密集地呈现了对“柏拉图式空谈家”等放荡不羁行为或场景的描写。这些内容为一般作家难以察觉与把握，甚至极少涉猎，是令读者深感震惊的主要原因。因此长期以来，它们被看作是对公认社会规范与代码的公开越界反叛。这种无视当时欧美社会主流价值观的叛逆，无疑严重打破了那个社会体制框架下的基本人际关系契约和习俗禁忌等。

米歇尔·拉姆梅尔在《对〈嚎叫〉的思考，再思考》一文中指出，《嚎叫》的意象和节奏粗鲁得令人惊讶。但金斯堡所嚎叫的正是许多人只在含蓄婉转、玩世不恭的喃喃低语中才得以表达出来，而不少人并没有弄清楚它将美国当时甚至后来所有艺术的壁橱之门炸开了多大一个缺口[③]。这表明有些人事实上也看到了金斯堡描写的所谓“反文化”和“反传统”里的社会现实，但人们却往往并没有去追究其前因后果，更难得去体会与

① 吴元迈.二十世纪外国文学史——1970年至2000年的外国文学:第五卷[M].南京:译林出版社,2004:98—99.

② John Wrighton. Ethics and Politics in Modern American Poetry[M]. New York: Routledge, 2010:79.

③ 费林格蒂.透视美国——金斯堡格论坛[M].成都:四川文艺出版社,2002:106.

品味诗中诸多迷惘失落的人物形象及其各种打破习俗行为的本质性象征意义之所在。

该诗中的“我们”实质上如同一架精确的摄影机，充满诗意地记录着年轻放荡的嬉普士们的种种离经叛道的行为与冥思。这使诗歌从一开始的封闭内环境空间建构中，就毫无疑问地将嬉普士们刻画成被50年代的正统主流文化拒绝接受的对象。从这一视角来看，则诗歌及其诗意描写只能被解读为侵蚀正统价值体系及其判断的客观存在。但细细读来又可以发现，这些外部表象并不能妨碍嬉普士们被诗人“我”认为具有“天使般头脑”，且被称作“这一代的精英”。尽管除此以外的多处诗歌语言与其所表现的对象和行为同样粗俗不雅，但“天使”所固有的圣洁祥和与“精英”睿智卓绝的传统象征含义，却似乎从诗歌的一开始就颠覆了嬉普士们令人厌恶反感的邋遢外表，及其猥亵行为所显示出的渎圣性，使并置于“天使”和“精英”这两个高尚群体中的嬉普士们获得了诗学意义的新面孔。

这一新面孔首先与以下事件密切关联。自1957年3月开始，美国旧金山海关和警察曾先后对《嚎叫》与出版它的城市之光出版社及其负责人进行过查封与逮捕，地方检察官随后还介入了对诗集及其发表过程的调查。这年的《旧金山新闻》曾报道，海关官员称该诗集中的《嚎叫》一诗“用词及其场景都相当淫秽”，充斥着“时髦的支离破碎”，被警方断言为不适合青少年阅读。因此，该诗歌的出版被视作具有邪恶动机的嫌疑而遭到起诉。直至当年10月，在主要是文学界和一些社会人士对《嚎叫》普遍支持的影响下，法官才最终认定该诗并不污秽，而是具有“一些补偿性的社会价值”①。

这个事件不期而遇地扩大了《嚎叫》的影响，并从一个侧面说明了该诗的非渎圣性和严肃的文学艺术性。《嚎叫》由此成为是金斯堡以极端反传统艺术表达形式，对美国20世纪50代的现实生活中受到普遍忽视的缺陷，及其所引发社会问题进行的深刻思考。诗歌所批判的内容及其所期待的读者反应决定它只能采用如此极端的形式，或者说，战后至70年代的社会前文本为这种诗歌创作的新倾向性提供了实践条件②。在《〈嚎叫〉注释》中，诗人将传统禁忌名称与浪子、天使和众神、好友、摩天大楼、疯子、大海等杂乱无序地进行并列，简要地排出了一份神圣万物的名单。对“万物都神圣”的描写再次打破了传统，体现了诗人对传统万物秩序与等级观念的超越。这使结尾的宽恕、怜悯、救济、信念、崇高等神圣物为诗歌灵魂获得超脱庸俗与污秽的限定提供了又一个明证。

作为对社会的一种严厉批判，《嚎叫》所具有的“一些补偿性

① Morgan, B. The Complete, Uncensored History of the Beat Generation[M]. 龙余,译.南京:江苏人民出版社,2012:116.

② John Wrighton. Ethics and Politics in Modern American Poetry[M]. New York: Routledge, 2010: 77. 原文为“…the post-war years in America, form around 1945 to 1970, set the conditions for a renewed commitment to poethical praxis with the revival of a counter-cultural politics, a challenge to conventional poetic form, and the recrudescence of the public poetry reading”。

的社会价值”，或者“补救社会的价值”[①]，使其自身以及《美国》《卡迪什》和《维基塔中心箴言》等其他诗歌具有了“非政治化的政治”[②]本质。在1957年，为《嚎叫》辩护的加州大学马克·肖勒博士曾在证词中提出，可以将诗集《嚎叫》里的诗歌分为“抒情诗”与“劝诫诗”两种[③]，似乎也验证了上文提到的“非政治化的政治”这一观点。使金斯堡诗歌成为在反叛不满的抒情中指责和控诉摩洛克似的美国社会与政治体制的“评论”。在《政治无意识》（1981）一书中，詹姆逊也指出，文学作品应当被理解成象征性的行为，它们为无法解决的社会政治矛盾提供了想象和意识形态的解决方案。在后工业资本主义已在很大程度上摧毁了人的历史感的情境下，文学的反思和转化功能无疑可以帮助人们重新审视历史与现实[④]。

海伦·文德勒曾指出，金斯堡的诗是以类似电影的手法对现实发生的细节进行处理，令人如身临其境般地获得了对美国社会的透视[⑤]。因此，对社会缺陷的揭露象征着诗人所描述的嬉普士们在通过歇斯底里的反叛，表达一种对社会过错的弥补与

① 费林格蒂.透视美国——金斯堡格论坛[M].成都:四川文艺出版社,2002:85.

② 费林格蒂.透视美国——金斯堡格论坛[M].成都:四川文艺出版社,2002:31.

③ 费林格蒂.透视美国——金斯堡格论坛[M].成都:四川文艺出版社,2002:113.

④ 詹姆逊.政治无意识:作为社会象征行为的叙事[M].王逢振,译.北京:中国社会科学出版社,1999:76.

⑤ 陶洁.二十世纪美国文学选读[M].北京:北京大学出版社,2006:203.

体验。

有国内学者指出，金斯堡之所以在诗歌中使用一些淫秽的字眼，目的就在于希望借此触动人们的神经，使其在震惊之余，看清美国繁荣背后的社会黑暗①。因而，嬉普士们的一切言行举止就成为他们表达不满和反抗，保存几乎被疯狂的社会与伪善的中产阶级价值体系所毁灭的人类天性的唯一与最有力武器。在金斯堡创作于1958年的《回到时代广场，梦见时代广场》中，《嚎叫》中的嬉普士们似乎又变身为黎明时分站在街边悲哀奏乐的吹号手。尽管仍然孤寂落寞，但他们绝非为噩梦困扰的流氓恶棍，而是一群真理追随者，以一部似乎隐而不现但会永远流传的传奇式隐喻，执着地试图以自身的独特方式唤醒社会良知。

二、质疑中的延续性主题

《嚎叫》在以猛烈攻击艾森豪威尔时代所有虔诚之物的方式打破传统禁忌的同时，展现出一种沟通与延续传统的功能性，这似乎至今仍没有受到人们的重视。

在20世纪70年代，詹姆斯·A.W.海弗南在《政治与自由——布莱克的影响》中指出，金斯堡本人曾说，《嚎叫》的第一部分是对美国羔羊的“挽歌”，第二部分则“指明了猎食羔羊

① 唐根金.二十世纪美国诗歌大观[M].上海:上海大学出版社,2007:86.

的思想意识的怪物”。其中，力量强大的邪恶怪物摩洛克在成为英国诗人布莱克的诗歌形象之前，是《圣经》中描写的古代腓尼基人所信奉的火神，以孩童为献祭品。因此，这一怪物在《嚎叫》中的出现，极有力地证明了金斯堡所称的“诗歌的唯一传统的延续性”[①]。摩洛克在诗中转化成了金斯堡用来影射美国政治体制、现实和社会的象征意象，它索要的献祭品不再是传统意义上的孩童，而是诗歌第一部分所提到的美国一代代“精英”。而它所隐喻的美国社会现实体制的污秽、丑陋与涂炭生灵，则使人丧失了本性，成为工业社会的机器与附庸[②]。

对摩洛克这一传统象征意象的创造性改写，使得金斯堡的诗歌一方面铿锵有力地对传统和现实展开批判与决裂。另一方面，在与以往作家和当时流行的诗歌形式及审美传统不相合拍的创作表现过程中，他的诗歌实际上也在愤懑的质疑中悖论地回响着对传统的延续。海伦·文德勒指出，20世纪中期后的美国诗人为了个人以及某些政治原因，都在自己的诗作中重复了先辈们在感知、记忆与语言等领域的实验。无论以赞同模仿还是反对争辩的方式，对那些伟大的现代派先驱诗人的回响都是这些后起诗人诗歌的标志[③]。

① 费林格蒂.透视美国——金斯堡格论坛[M].成都：四川文艺出版社，2002：161.

② 唐根金.二十世纪美国诗歌大观[M].上海：上海大学出版社，2007：91.

③ Helen Vendler. The Harvard Book of Contemporary American Poetry[M]. Cambridge: The Belknap Press of Harvard University Press, 1985: 3.

金斯堡除了在《嚎叫》内容上受到布莱克的影响，在其诗歌形式上，他还模仿了惠特曼等诗人的长句诗（long-line）和首语重复法（anaphora）①。其诗句以摒弃传统的音步与节奏，自由地使用口语风格的长句等特征，展现了一个崭新的边缘诗人向政府和权力叫板的磅礴气势②。这种形式与结构为诗人代表的社会阶层内心无法排解的压抑与苦闷找到了合适的宣泄途径，并使“垮掉派”的声音犹如“维苏威火山的熔岩”一般，开始喷发到艾森豪威尔时代的美国——一个“自鸣得意而又缺少灵魂的庞贝古城”③。

金斯堡于1955年创作于伯克利的《加利福尼亚超级市场》也体现了上述风格与特征。在诗中，他同样以第一人称“我”的叙述形式，极其鲜明地表达了心事重重的抑郁独行者对寻求精神家园的思索。

在诗中所描述饥饿疲惫的“我”思绪联翩地寻找理想意象的幻想中，反映美国劳动大众生活及思想的惠特曼（1819—1892），以及塞万提斯后西班牙最负盛名的剧作家与诗人加西亚·洛尔伽（1898—1936），均来到了“我”驻足的“现代超级市场”。如常人一样，他们在做着现代人日常的购物活动。而

① John Wrighton. Ethics and Politics in Modern American Poetry[M]. New York: Routledge, 2010:81.

② 陶洁.二十世纪美国文学选读[M].北京:北京大学出版社,2006:203.

③ 费林格蒂.透视美国——金斯堡格论坛[M].成都:四川文艺出版社,2002:48.

“我”虽然饥肠辘辘，但在神会自己敬仰的两位大师后，心中所想的却不是与享用各种美食有关的物质欲望，而是热望惠特曼可以做他的守护神，并在超市不久即将关门的时候，告诉迷茫而不知前进方向的他“我们要去哪儿”。“我”的精神诉求既隐喻着人的精神食粮的重要性远远超过物质食粮，也使其在超市里奥德赛式的幻想游历自然而然地影射了人生的旅途。另一方面，“我”在树荫重重的夜晚街头不眠独行，与家家户户的灯火熄灭形成了鲜明的对比，凸显出“我”的孤独寂寞，以及大众对“我”的不解与排斥。当“我”希望惠特曼成为自己的守护神，并将他呼唤成“亲爱的父亲”和“给人以勇气的师长”，并严肃地追问美国在惠特曼心中的模样而不得时，“我”消极地停止了缔结自我的思辨和虚构话语之间的对话。正如惠特曼向杂货食品店的伙计询问是谁剔出了猪排，以及香蕉是什么价格而没有得到答案一般，伙计与惠特曼对话交流的失败表明——只知晓一些简单的过去与现在信息的人们已经深深地迷失在五光十色的现实物质诱惑之中。肤浅而碌碌无为的人们对圣者的在场熟视无睹，体察不出生活的真谛，更难以获得精神的顿悟与升华，而似乎唯有诗人笔下对永恒精神家园的思考指引方能帮助人们向着正确的方向前进。

但“我”又似乎渐渐领悟到，虽然与伟人的心灵对话和神会可以暂时使人忘却思考世间行动方向的忧烦，而类似灯塔般明确地指明今夜将去往何方的则只能是自己的心灵。在深夜中，无言地停泊在车道上的蓝色汽车既烘托了“我”在诗歌意境中的忧郁与落寞，象征着美国“垮掉派”一代的行动方向和爱的缺失，也同时见证了“我”的心灵波动。这使诗歌结尾烟雾缭绕的忘川河岸，以及驻足河边观看着幽深而黑暗的波涛、河上摆渡的卡农、渐渐消失在摆渡船上的惠特曼等意象，共同隐喻了无人知晓祸福的个人命运与国家未来。诗中的七个修辞设问句似乎也在提醒读者：必须时刻深思他人、大众与国家在个人内心中的形象与地位。由于诗中所提及的惠特曼和洛尔伽两位著名诗人都是独树一帜地热爱祖国的典范，这些问句因此为全诗增添了人们应当深刻思考自己人生与历史使命的分量。最后一个设问则凸出了国家整体形象的重要性。

在《谁统治美国》一诗中，金斯堡虽然没有明确回答诗歌标题中的提问，但是诗歌通过对一团团一层层积聚与移动在地平线上或者笼罩在丹佛上空的棕色石油烟雾，一架架升起并轰隆降落的飞机，以及千百万辆呼啸着急速奔驰在平原上的汽车等描写，告诉读者美国的主宰就是石油、飞机和汽车。这三个能源或者动力是人类在20世纪的重大发现与发明。它们在为现代社会与日常生活带来便捷和速度的同时，却也通过燃烧与运动所排出的重度污染物和发出的巨大噪音等，影响甚至威胁着人们以往洁净安宁的自然生活。最为人们熟悉的汽车则是资本主义达到顶峰时人人梦寐以求的生活必需品。在文化层面上，汽车优美地再现了两个悖论：一方面，它体现了个体的快速移动性与城市的日益拥堵状况之间的矛盾；另一方面，它支撑了一个可以用来衡量一切的社会地位体系，同时却又维持了个人与众不同的希望①。因此，该诗实际上丝毫没有赞美人类在高科技物质文明方面所取得的快速发展与进步，而是正好相反。诗歌的标题虽然诙谐地反讽了现代新能源与新动力的巨大力量，而其内容则表现有现代生态思想和可持续发展观的诗人眼睁睁地看着越来越多的污染发生却无能为力，只能以诗歌的方式排解自己为人类和其他生物的未来福祉深感焦虑。

1972年12月24日，金斯堡在纽约于圣诞节平安夜写下了《圣诞礼物》一诗，

在梦中我遇到爱因斯坦
正是春天在普林斯顿的绿茵草坪
我跪下吻吻他年轻的拇指
他气色极好看起来像教皇
皮肤柔嫩舒展双颊红润
“我发明了一个万用分离物
类似处女玛丽亚”——
“太棒了，这东西自我生成无须外力，”
我应声援引麦士卡灵的效力
我们坐下午餐在户外一个普通的

① Emory Elliott, eds. The Literary History of the United States [M]. New York: Columbia University Press, 1988:1042.

夏日，但见教授们的夫人
正在网球场上健身，
我们的邂逅一如所期待的那般永恒，
我做出欲吻他的手的姿势
那很意外又神圣虔诚
至于原子弹我压根儿没提及。

该诗表面上描写诗人在梦境里向原子弹之父——看起来年轻，皮肤柔嫩舒展，且面颊红润的“教皇般”的爱因斯坦，并且向他表达了虔诚的敬意，实则以预示生命的“春天”“绿茵草坪”，以及说明生活优越的教授夫人们的健身活动为对比，隐晦地反讽了由爱因斯坦所发明杀伤力巨大无比的原子弹给自然界和人类社会所带来的前所未有的死亡、痛苦与灾难。诗人虽然无需述说原子弹一旦大爆炸，就必定会给个人、家庭、城市等带来巨大而且无法逆转与弥补的物质和精神伤害，但诗中的上述细节，尤其是诗人亲吻爱因斯坦“年轻的拇指”这一罕见举动却暗喻了科学伤害的隐形和轻而易举。传统上，西方行吻手礼的人一般会亲吻崇拜对象的手背或者中指，但亲吻“拇指”则是绝无仅有的。“拇指”在诗中的巧妙出现似乎在提醒人们，在实验室里进行原子弹试验的科学家与向日本两座城市投掷了原子弹的年轻美国飞行员在训练和操作的最后阶段，使用的都是“拇指”。为此，诗歌以“类似处女玛丽亚”的发明反讽科学家首度创造的“万用分离物”罪孽深重，亲吻“拇指”的细节则悄然而又极为辛辣地讽喻了原子弹没有发挥圣母的作用，它为世界诞生与延续的不是保护和救赎，而是灾难与毁灭。

可以说，金斯堡是一个对现实存在不满，而以诗歌警醒世人关注子孙后代幸福的未来主义生态先行者。往往在他对传统的反叛越剧烈的同时，他向其转化或回归的速度也就越迅捷。而他对现代科学的质疑与批判则反映了他对社会现实的深刻反思，以及对未来的忧虑。例如，在1986年6月创作的《向全世界祝福》中，金斯堡还在提醒人们要“牢记未来”，注意观察及记录爱因斯坦之后的现象世界所发生的一切事实与迹象。他在当年12月写下的《欧洲，这是怎么回事》一诗中，则亲自实践了一种类似他自己所倡导的观察及记录。诗中利用描写从挪威首府奥斯陆飘至雅典的乌云，以及法国诺曼底地区生产的卡门贝干酪，苏黎世的黄金与英格兰羊市等，刻画了整个欧洲对切尔诺贝利核泄漏事件后的普遍恐慌心理。

三、结语

战后美国诗歌具有寓意深远的文化意旨涵括力。在大量作品中，美国诗人屡以20世纪以来的各类新动力和新现象表现着人类前所未有的自由和操控力。在以不同方式制造撕裂传统的各种效应时，他们的诸多时尚口号及表达方式里却不时回荡着传统的钟声。其中持续不断的思想表达和主题回归等则使表面上早已逝去的传统不时复现出来，而且表现异常活跃。但这种复现绝不是简单复制，而是以传统怀旧或者是批判、决裂前者的方式对社会现实进行的深刻反思。金斯堡仅是其中以诗学语言及形式游戏下的复杂哲思反映其意识形态"历史性"的一个典型代表。以他为代表的20世纪第二代美国诗人打破冷战时期身份思考的界限[1]，并在以反叛T.S.艾略特而创新艺术题材和表达形式时，不断超脱语言的限制，表现时代独特的环境和经验及美学价值。但在题材、形式创新和诗歌语言的超脱表象之上，他们诗歌内容的传统痕迹依然清晰可辨。早在1976年发表的《诗歌的处境：当代诗歌及其传统》中，美国"桂冠诗人"罗伯特·平斯基就曾指出，"当代诗歌，总的来说，是传统的"[2]。

在1989年，《逆流》的创办者迪克·艾伦认为，由新形式主义及新叙事诗歌和在一起而为人们称道的"扩展诗歌"博采众家之长，采用的却常常是"传统的韵律和音步并揉入自然的讲话模式"[3]。诗人R.S.格温则进一步指出，上述两种诗歌的出现是年轻诗人对60年代垮掉一代、自白派、深层意象派等诗歌

① John Wrighton. Ethics and Politics in Modern American Poetry[M]. New York: Routledge, 2010: 77. 原文为"deterritorialised the boundaries of Cold-war identity-thinking"。

② 吴元迈.二十世纪外国文学史——1970年至2000年的外国文学:第五卷[M].南京:译林出版社,2004:102.

③ 吴元迈.二十世纪外国文学史——1970年至2000年的外国文学:第五卷[M].南京:译林出版社,2004:103.

的反动或回拨。他们向弗罗斯特和哈代等老诗人的转向，是为了“通过恢复更早期的形式和体裁来对抗现代主义”[①]。这些年轻诗人的领袖达纳·乔伊埃则以1986年发表的第一部用传统形式写成的诗歌《每天的天宫图》等引发了一场大争论。乔伊埃除了以诗歌践行他对给与读者以美感，使其获得哲学意义上的启示等愿望之外，他还在《诗歌重要吗?》等作品中呼吁诗人们注意诗歌的形式，回到以诗歌及故事为主的传统形式上去[②]。詹姆斯·隆根巴赫在《现代主义之后的现代诗》（*Modern Poetry after Modernism*，1997）中，也将美国后现代诗歌视为对现代主义的延伸而非批判，从而为美国后现代主义诗歌研究提供了一种新角度[③]。从这些方面来看，“垮掉派”诗歌的作用功不可没。

① 吴元迈.二十世纪外国文学史——1970年至2000年的外国文学:第五卷[M].南京:译林出版社,2004:104.

② 吴元迈.二十世纪外国文学史——1970年至2000年的外国文学:第五卷[M].南京:译林出版社,2004:104—105.

③ 埃默里·埃利奥特,克莱格·萨旺金,美国文学研究新方向:1980—2002[J].当代外国文学,毛祖友,译,2007(3):140.

《墙上的斑点》叙事构思[①]

作为20世纪早期最伟大的先锋作家之一，英国著名意识流小说家弗吉尼亚·伍尔夫在叙事艺术上超越传统的创新为20世纪小说发展带来了巨大变革。人们对她的作品似乎已经形成一种共识，认为她“在作品中致力于表达人物的心理状态，并且极为强调不通过言语的交流来理解他人，往往把她的短篇小说简洁地构筑在由某一瞬间引发的场景中人物的心理历程和感想之上”[②]。国内对这一方面的研究也基本围绕意识流作家的惯性写作手法，并往往从意识流的角度，探索伍尔夫刻画人物和揭示人物心理的创作技巧。这是因为伍尔夫的艺术创作在很大程度上依赖于她逻辑严谨、考虑周密的独特叙事技巧。这种表达方式在很大程度上凝聚了她在聚焦视点、叙事中的标志性过渡、

---

① 本文原载于《安徽师范大学学报》(人文社科版)2007年9月第5期，第591—595页。收入本书时有改动。

② Magill F. N. Critical Survey of Short Fiction[M]. Englewood Cliffs, N.J.: Salem Press, 1981: 2454.

叙事距离、叙事分层、叙事声音等叙事技巧方面的深刻造诣。伍尔夫迄今为止较少受到人们关注的早期短篇小说《墙上的斑点》就是其中一例，值得我们对此进行一番探讨。

一、第一人称回顾性叙述的双重聚焦与叙事中的标志性过渡

《墙上的斑点》发表于1917年。作者通过第一人称内心独白的方式，叙述了其中人物故事发生的经过和结局。荷密恩·李在《弗吉尼亚·伍尔夫》（*Virginia Woolf*）一书中认为，伍尔夫的女性人物——《墙上的斑点》或者《一本没有写的小说》的叙述者，《到灯塔去》的拉姆齐夫人，常常会从一份报纸或一本书的边缘抬头看去，从而开始了一场思维之旅[①]。《墙上的斑点》的第一人称叙述者，恰好也是在小说开始时坐在壁炉边的椅子上抬头望去，发现“白色的墙上（有）一个黑色的小圆点”，并随之一步步展开以斑点为主题的叙事历程。

这一历程经历了小说主人公对聚焦视点所折射出形状的各种遐想，及其对过去、历史、人生、自然等方面的深刻思索。伍尔夫利用该人物对墙上景物起先一无所知的经验自我内视角的描述，以及叙事自我最终发现墙上的斑点原来是一只蜗牛，从而为解开这一谜底的故事结尾制造了重重悬念，并最终使文

① Hermione Lee. Virginia Woolf[M]. New York: Alfred A. Knopf, Inc., 1998:398.

本产生出令人恍然大悟的戏剧性效果。在描述斑点形状的过程中，作者主要从经验自我和叙述自我的视角出发，描写了女主人公的内心世界。其中，几乎所有人物视角都以明显的动词时态为标志表现出来。在第一自然段，运用过去时态的句子清楚地划分了第一人称叙述者首次发现斑点并开始思索斑点的不同时间，以及她当时正在做的动作等。

在第二段，叙述者回想起“在我们之前住在这里的人们”。她想起了画着“一个破旧房间的一幅旧画”，并从容易被忽略的叙事自我视点出发，附加了一个干脆的短句——“当然是个假货”，来表达自己对以前房主家中财物的不屑一顾。接着，她想起他们离开这座房子的原因，甚至想起以前房主对艺术的看法等。文本第七段中间和末尾也较集中地使用了过去时态。这些很明显都是经验自我的第一人称叙述者对往事的回忆。当然也有例外，主人公偶然也会用虚拟语气表达某一猜测或愿望。

至此，除了第七段起首的五句以外，文本里的剩余部分几乎都主要运用现在时态，来表达主人公的思维活动。它们描述出第一人称叙述者的自由想象，以及从叙述自我内视角出发的主人公对墙上斑点的思索。在上述文本中，有时尽管一种视角占主导地位，但也会出现两种视角的相互交叉。这种变化为第一人称回顾性叙述构建了极为有效的双重聚焦，有助于第一人称内视角的叙事者自由而高效地跳跃时空，并在当前的叙事声音里复制过去和转换对现在不同聚焦对象的关注。

施罗米斯·雷蒙凯南在《叙事小说》(*Narrative Fiction*)中指出，原则上，从一个叙事层到另一个叙事层的过渡是受到吸引读者注意转换的叙事行为影响的[①]。笔者认为，聚焦视点的转换有时也要借助叙事标志以吸引读者注意。在《墙上的斑点》中，聚焦视点的过渡转换就有多处明显地运用了一种过渡标志——省略号。这些标点符号往往发生在叙事者的思维从关注某一事物转换到另一事物的时刻。全文共有16处使用了省略号。严格地讲，文本结尾处直接引语部分的最后两个省略号也不例外，只因为它们同时又可以被看作是对不知姓名的说话人话语的省略，因而将其排除在外。但是其余14处却不同。不论是在某一段落的中间或结尾，它们的出现都暗示着叙事者聚焦视点的转换，并因而完成了一个叙事层向次一级叙事层的过渡。文本中较为典型的例句有（有下划线的省略号为原文所有）：

……就象（像）蚂蚁们如此卖力地扛来一片稻草，然后弃它而去……如果那斑点是一只蜗牛留下的，<u>……</u>。（第2段）

窗外的树很轻柔地击打在窗玻璃上<u>……</u>。我想静静地思考……。（第6段）

……给我们所有人都留下不该有的欣喜若狂感——如果自由存在<u>……</u>。在特定的光线下墙上的斑点似乎……。（第

① Shlomith Rimmon-Kenan. Narrative Fiction [M]. London: Methuen Co. Ltd, 1986: 93.

7—8段）

象大多数英国人一样忧郁地想往，在散步结束时发现思考埋在草皮下方的那些骨头是很自然的……一定会有关于这方面的书。

但是有什么东西挡了道……我当时在哪里？（第13段）

结合整个文本会发现，作者用较长篇幅描述一些事物后，会在省略号之后即刻转而描述另一事物，譬如第一句中，省略号前还是在叙述蚂蚁，后面马上转换为文本主题“斑点”，并联想到“蜗牛”。省略号前后如此迅速地转换叙述对象有助于叙事者无须多费笔墨就能轻而易举地完成时空转换，如第五句。这种标志性过渡的频繁出现无疑成为伍尔夫创作这篇小说的一个重要规律。借助聚焦视点的微妙变化这一手段，作者简洁明了地实现了叙事内容或层面的过渡。

二、叙事分层与叙事距离

由于小说作者用大量的思维意象取代了情节描写，这种独特的叙事模式和频繁的聚焦视点波动使读者难以推测文本的隐含蕴义，因此前述部分有利于我们借助叙事者聚焦视点的变换，及其标志性过渡来区分文本所涉及的时空关系。然而，文本的深层含义却往往需要挖掘没有明显标志的各条主线，或者进一步明晰毫无标志的叙事过渡。

在《墙上的斑点》中，叙事者只讲述了一个故事，因而只有一个叙事层。但这个简短的故事其实却并不简单，其中叙事层里包含有8个寓意深刻的内在叙事环节。在文本一开始，叙述者发现墙上的斑点是第一叙事环节。此后紧接着是六个平行的叙事环节，即叙事自我对此进行的六种遐想：墙上的斑点是一个“钉子”；也可能不是；可能是“一片小小的玫瑰花叶子留下的”；“在某种光线下看去……像一个小土丘”；像“一只旧钉子巨大的顶端”；也许是“墙上的一道裂缝”。

正是通过这些平行叙事环节，叙事者的发散思维才逐步地将她头脑中的不同意象渗透给读者。文本的最后两个短句，“唉，墙上的斑点！原来是一只蜗牛。”构成最后一个叙事环节，并起着连接点的作用。通过这短短的两个简单句，叙事者将各叙事环节连接为一个有机整体，从而实现了人物故事不断地从现在到过去，又从过去到现在这一思维过程的循环。区分叙事层因此有助于我们将松散的叙事对象连接为一个整体，并从一个侧面反映出伍尔夫创作中严谨的文本架构逻辑。

始于18世纪的英国小说在最初出现时，几乎都是极力在文本中明显表现出叙事者热切希望读者对自己所讲述故事情节的真实性等深信不疑。它们贴近读者，“着重描写现实世界和普通人物，……除了给读者提供娱乐和消遣外，还有一个严肃的目的，这就是教育读者和企图移风易俗”[①]。维多利亚时期的小说家为了加强道德感化，或论证说服某项社会改革的必要性，更是尽量缩短与读者之间的时空距离。与之相比，意识流小说的作家们则大多只顾描写自己文本中人物角色的意识思维活动，经常打破人物的传统意识，并随时毫无顾忌地超越时空范围，却较少考虑读者在阅读活动中的反应。这在无形中加大了叙事过程与读者的距离。

由于这类小说是人物内心经历的自然流露，“直接而又即时地叙述人物内心深处的思维及感想”[②]，因此最初由威廉·詹姆士所杜撰的“意识流”注定不可能像传统小说手法那样，任由读者甚至在翻开小说第一页的时候就对出场人物做出各种猜测，或者引发种种悬念，以达到引人入胜、令人爱不释手的目的。那么伍尔夫在忙于以言语形式破译人物抽象的思维过程，聚焦人物内心深处的“直觉意识”和“自发情感”时，确实无暇顾及读者反应，从而不可避免地直接造成其小说拉开与读者之间的相对距离吗？再细读《墙上的斑点》不难发现，其实不然。因为全文只有两处使用了引号，其中之一是文末短小、简洁的直接引语，这是叙述者与不知姓名的说话人之间的一段对白，也是文本中出现的唯一一段对白。缺乏人物对话原本应该是伍尔夫等意识流作家写作技巧中的专属特点，读者对此无需大惊

① 李赋宁.英国文学论文集[M].北京:外语教学与研究出版社,1997:184.

② Edward Quinn. A Dictionary of Literary and Thematic Terms [M]. New York: Checkmark Books, 2000:166.

小怪。但另一处引号却发人深思。它出现在第七段开头部分：

“随后我进了房间。他们正在谈论植物学。我说在国王路的一座旧房址上我如何看到一株长在一个垃圾堆上的花朵。那种子，我说，必定是在查理一世统治时就播撒下了。在查理一世统治时种什么花呢？”我当时问道——但是我现在不记得答案。

尽管这部分的语句都以完整的直接引语形式出现，并伴有引导句“我当时问道”，但在去掉引号之后，原文本却几乎不会在意义、逻辑关系等方面受到任何影响。一般来说，只从一个句子的外在形式就得出某种结论显然荒谬，但是认为这是由于印刷疏漏又明显证据不足。况且伍尔夫这篇小说只有两处有引号，按常理印刷商不可能轻易在此出错而与作者原来的表达意图相悖，因为本处动词以过去时态出现，倘若去掉引号，这些句子听起来更像是附加了隐含作者与真实读者之间的一场自由间接对话。那么作者为什么要这么做？同是回忆往事，为何文本的其他地方不使用引号？

瑞蒙凯南在《叙事小说》中为我们理解这一文本现象提供了启发。其中引用了查特曼的一段话，“隐含作者不能给我们提供任何信息。他，或者最好说，它，没有声音，没有用以直接交流的手段”[①]。不过，细细揣摩之后，我们也许更倾向于赞同“隐含作者毕竟是作者的‘第二自我’，与现实中的作者有着千丝万缕的联系，对后者的了解往往有助于对前者的阐释，对两者之间的差异和相关之处的研究对于深入了解作品也大有裨益，因此我们对两者都应加以考虑”[②]。这即是说，由韦恩·布斯率先提出的隐含作者不是不能给读者提供任何信息，而是要作为真实作者的“第二自我”，发挥与前者相互关联和阐释等作用。

那么在《墙上的斑点》中，第二个打引号的语句隐藏了隐含作者提供的什么信息吗？引号又传递了真实作者的声音吗？这是隐含作者与真实读者之间的直接交流手段吗？再度审视与该语句相关的文本上下文，仍然会得出肯定的结论。因为如果去掉引号，这些句子依然会在叙事流中与上下文保持合理、连贯一致的关系。只不过这样一来，别有用意的引导句和括号中包含附加信息的短句会受到影响。没有引号内外时间和空间上所形成的明显对比，就凸显不出引导句和附加信息短句所做的进一步解释，隐含作者试图与真实读者建立的较为亲密的情感交流关系也就无法如此生动地表现出来。此外，倘若没有这个引号，文本将只能以单调、呆板、一本正经的叙事语调继续讲述故事，导致文本与读者保持较为疏远的距离。而有了引号之

① Shlomith Rimmon-Kenan. Narrative Fiction [M]. London: Methuen Co. Ltd,1986:87.

② 申丹.究竟是否需要“隐含作者”？——叙事学界的分歧与网上的对话[J].国外文学,2000(3):13.

后，相关语句就附加了真实作者与隐含读者之间的一种默契，并可能在无形中成为二者直接开启一场对话的契机。

三、文本的叙事声音

如前所述，作者使用有关技巧改变了小说的叙事模式或内容，其结果是明晰了时空，并使叙事客体不断转换，但文本的叙事声音和叙事眼光却始终统一于一个叙事者，最终使复杂的叙事线条能够紧紧地围绕一个叙事主体展开。除此之外，为了使叙事过程不致过于枯燥乏味，或为了强化某些叙事客体，作者还需要在文本中关注叙事的多样性。这种多样性有时可以通过叙事声音的变化来完成。故事里主要出现了两个人物，即叙事主体和文本末不知姓名的说话者。后者的声音提醒我们故事发生的时间——第一次世界大战期间，及其对于战争的态度——“诅咒”战争。人物的声音之重要性在于它既为叙事者又为受述者解开了谜底——墙上的斑点原来是一只蜗牛。然而除此之外，文本中还出现了为数不少带感叹号或感叹词，或者两者兼而有之的句子，它们听起来似乎在传播另一种声音。例如：

> 唉！天哪，生活的悲惨；思维的不准确！人类的无知！（第3段）

> 唉，如果谁想拿生活打比方，那他必须把它比做以50英里时速被人从管子一端吹出，在另一端着陆时头发上一个发夹不剩的什么东西！全身赤裸地在上帝脚下尖叫！倒栽葱跌落在长满长春花的草地里，就象被猛然抛进邮局的棕色纸包！（第3段）
>
> 但是这多么无聊，这部历史小说！（第6段）
>
> 这世界正在变得多么缺乏新鲜空气，肤浅，赤裸裸但又不可或缺！（第7段）
>
> 这里是多么宁静，立足世界的中心而后凝视……如果不是一张显示级别高低的桌子有多好！（第9段）

这五个例句大都短小精悍，读来铿锵有力，与文本的其余部分风格迥异。事实上，它们可以被看作是整个文本的主题句，尤其是第五句。在叙事者想象了一条鱼所生活的宁和快慰世界之后，紧跟着她就使用了“这里”而不是“那里”，来抒发她对所处现实世界的不满。这证实了小说作者极有可能当时正面对身边的一只鱼缸思考，把鱼的世界与自己正身处的真实世界进行对比。由此推断这些例句可以是真实作者的声音，即便不是亲口所说也是她借助叙事者之口为传声筒，来表达自己对生活、思维、人性、男女之间不平等的不满与无奈。米克·巴尔在《叙述学：叙事理论导论》中认为，“感叹号是一种负载情感的图式表现”，感叹词可以“明显地揭示出一种感情功能”[1]。因此可以说，在某种程度上，《墙上的斑点》的叙事者又同时是以自己声音说话的真实作者。在小说的整个文本中，以第一人称叙事者的真实声音为背景，真实作者的声音或者假借叙事者的真实作者声音为引导，使文本充斥着含有深刻寓意的弦外之音，这一亮点不应忽视。

弗吉尼亚·伍尔夫的《现代小说》一文一直被她看作是为自己正在创作的新型小说所做的“宣言”[2]。荷密恩·李认为，伍尔夫对乔伊斯和理查逊的评论，对俄国作品的大量阅读，她本人对正在创作的《夜与日》的那种写作风格和《邱园记事》或《墙上的斑点》的风格划分，都倾注进那篇文章里[3]。在这篇散文中，伍尔夫写道：

> 尽管我们已经学会了很多制造机器的知识，在文学创作上我们却一无所知。我们没有写得更好：……。因此，如果一个作家是个自由人而非奴隶，如果他能随心所欲而不是墨守成规，如果他能够以个人的感受而不是因袭传统作为他作品的依据，那么就不会有约定俗成的情节、喜剧、

① 巴尔.叙述学：叙事理论导论[M].谭君强，译，北京：中国社会科学出版社，2003：50.

② Hermione Lee. Virginia Woolf[M]. New York: Alfred A. Knopf, Inc., 1998:399.

③ Hermione Lee. Virginia Woolf[M]. New York: Alfred A. Knopf, Inc., 1998:386.

悲剧、爱情的欢乐或灾难，而且也许不会有一粒纽扣是用邦德街的裁缝所惯用的那种方式钉上去的。生活并不是一副副匀称地装配好的眼镜；生活是一圈明亮的光环；生活是与我们的意识相始终的、包围着我们的半透明封套。把这种变化多端、不可名状、难以界说的内在精神——不论它可能显得多么反常和复杂——用文字表达出来，并且尽可能少掺入一些外部的杂质，这难道不是小说家的职责吗？我们并非仅仅在吁求勇气和真诚；我们是在提醒大家：真正恰当的小说体裁和习惯赋予我们的那种信念，是有所不同的……。①

从伍尔夫强调作家的“自由”和“情感”等可见，自由地表现人物的内心活动，以及依靠直觉摆脱传统束缚似乎已成为她的一个创作习惯甚至目标。

然而，《墙上的斑点》在发表之后并没有引起较大关注。伍尔夫为此在1919年5月12日的日记中写道：我确信这个故事将使我一无所获；我真应有所介意②。她不幸成了这篇小说将受到众人冷落的预言家。迄今为止，很少有人对它提出较高赞誉。尽管有个别批评家对它表现出极大关注，甚至凯瑟琳·曼斯菲尔德也曾经玩起了两面派的游戏，当着伍尔夫的面称颂《墙上

① 伍尔夫.论小说与小说家[M].上海：上海译文出版社，1986：524—525.

② Leonard Woolf. A Writer's Diary [M]. San Diego: Harcourt Brace & Company, 1982:14.

的斑点》，在她背后却说它普普通通[①]。但是，这些因素却始终没有改变伍尔夫表达人物心理状态，以及构筑人物心理历程和感想的创作手法。恰恰相反，它们使她的作品独树一帜。

荷密恩·李认为，凯瑟琳·曼斯菲尔德后来很快转变态度，对这篇小说开始持赞赏的肯定态度与此有关。她在书中指出，很有意思的是在伍尔夫与凯瑟琳于1918年5月恢复友谊之后，她们在一起谈论了契诃夫、《序曲》及《墙上的斑点》等。两人都对相聚有同感。凯瑟琳在写给布瑞特的信中称赞说，她相当出色，确实非常严肃地对待创作事业，她忠诚于它并为之战栗激动。人们不应再有更多的奢望[②]。福斯特也曾经称赞《墙上的斑点》“既不枯燥又非同寻常，真是可爱的小作品”[③]。

作为伍尔夫的早期作品之一，《墙上的斑点》在很大程度上有待于读者对第一人称叙述者的迅捷思维和追寻意象的超凡想象力做出理想的阐释。它唯一的缺憾也许在于为了打破传统，并向受述者灌输更多叙事者的思维或者间接地表达隐含作者自己的意象和观点，真实作者在此编织了太多的思维线条。这也许是伍尔夫本人在1919年12月12日的日记里提到该文本所犯的“大量错误”之一。换句话说，尽管一个作家极富天赋，并

---

① Hermione Lee. Virginia Woolf[M]. New York: Alfred A. Knopf, Inc., 1998:385.

② Hermione Lee. Virginia Woolf[M]. New York: Alfred A. Knopf, Inc., 1998:387.

③ 范圣宇.伍尔夫小说《邱园》浅析[J].名作欣赏,2005(6):52.

竭尽全力试图在整个文本结构中保持严密的逻辑性，而叙事者倘若过于频繁地转换聚焦视点，就可能会产生负面影响，使作品成为真实作者与读者之间进行交流的累赘障碍。《墙上的斑点》在某种程度上反映了这一瑕疵。但这一早期创作的不完美折射出相同的创作原则，它成就了伍尔夫在20世纪二三十年代成熟辉煌的创作伟绩。

杰克·伦敦小说中的意象特征[①]

19世纪中后期和20世纪初，美国文坛上出现了一种新的潮流，这就是现实主义文学。美国现实主义文学发展较晚，在西欧批判现实主义文学逐渐衰落的时候，它方才兴起和发展。它出现在美国资本主义日趋腐朽的阶段，即由自由资本主义过渡到垄断资本主义的时代。当时南北内战造成的战争创伤正在逐渐愈合，但是贫富差距却日益增大，许多美国人开始对美国社会不断增长的实利主义（materialism）感到不满。于是，此时的美国现实主义作家，以资产阶级民主主义思想，并描写广大人民的悲惨生活揭露和谴责社会的各种弊端。杰克·伦敦（1876—1916）就是这个时期以揭露社会弊端而闻名的批判现实主义作家之一，并因此被称为资本主义的叛逆者，“一个迷途的人”。

杰克·伦敦来自社会底层，从小就靠出卖自己的劳动力过

① 本文原载于《石河子大学学报》（哲学社会科学版）2002年6月第2期，第55—57页。收入本书时有改动。

活，做过报童、水手，也当过流浪汉，还曾去北方淘过金。他一方面劳动，一方面刻苦学习。他阅读过大量哲学、经济学和社会学著作，这些著作充实了他的头脑，并深深地影响了他后来的创作。他最初创作的是“北方故事”，作品大多取材于他在北方的淘金经历，其中充满了原始、冷酷、野蛮和远离文明的自然野性。这些北方小说以新颖的题材、浑厚有力的描写以及富于传奇的色彩赢得了读者的欢迎。长篇小说《野性的呼唤》（*Call of the Wild*）于1903年问世后立刻畅销，奠定了他在美国文坛上的地位，也给他带来了财富，使他成为美国第一个靠顽强的毅力和勤奋工作获得成功的百万富翁作家。这本书后来成为他的代表作之一。

将人物放在尖锐的矛盾冲突中，用人物自己的行动来表现其性格是杰克·伦敦刻画人物的主要方法。本文拟通过分析杰克·伦敦的若干代表作，探索他作品中深刻的文学价值和社会意义。

《野性的呼唤》的主角是一只被叫作“巴克”（Buck）的狗。它从舒适的加利福尼亚几经易主，被带到了荒凉、寒冷的阿拉斯加。在最后一个主人约翰·宋顿死后，巴克最终摆脱了与人类文明的最后联系，回到它祖先的世界，成为一群狼的首领。在小说文本中，描写景色风物的文字并不多，然而这些片言只字的描述却带给读者惊奇而又不寒而栗的新鲜感，例如，“头上发出冷冷的北极光，星星在寒冷的远方闪烁，雪覆盖着大地，使之冻结麻木，……”。小说当中尤其拨动读者心弦的就是人与狗、狗与狗、狗与狼之间为争夺支配地位这一原始规则而爆发的一场场恶战。在这个充满敌意的北国环境里，人和动物只有适应变幻无常的环境才可以活命，缺乏这种能力就意味着迅速而悲惨的死亡。这里的德行在衰退或崩溃，怜悯也应该用到更温和的地方。在棍子、虎牙和刀具等制定的铁律之下，考虑德行和怜悯就是傻瓜，悲天悯人地遵守世俗道德伦理则往往只能面对冷酷无情的致命失败。在这部小说里，斯宾赛的生物社会学哲学思想以最原始、最残酷和最贴近自然的描写，通过巴克为了生存而与逼迫它服从的人斗、与棍子斗、与同类斗，最终与狼群搏斗反映出来。在这个白雪皑皑的森林、大地、天空中，容不得错误，一次错误就足以带来血的甚至是生命的教训。物竞天择，适者生存的大自然规律是这部小说的主旋律。

另一组同样以阿拉斯加北方生活为题材的短篇小说，也显示出这样的特色。克鲁普斯卡娅回忆列宁时曾表示：“伊里奇逝世前两天，我在晚上给他读杰克·伦敦的短篇小说《热爱生命》——那一本书现在还放在他房里的桌子上，这是一篇非常有力的小说……伊里奇很喜欢这篇小说。第二天他要我继续读伦敦的小说”[①]。这篇受到列宁赞赏的小说，也是杰克·伦敦最具光彩的作品之一。故事从一个特异的情境中开始：两个饱经风霜、此时精疲力竭而又饥饿难忍的淘金者，在人迹罕至的荒原峡谷中

① 漆以凯．杰克·伦敦和他的小说[M]．北京：北京出版社，1984：93.

艰难地行进着。在没过膝盖的冰一般刺骨的河水中，脚趾和脚腕被冻麻了，走在后面的人踩上了一只光滑的圆石块，扭伤了脚腕。走在前面名叫比尔（Bill）的同伴连头也没有回一下，就跨过山头，消失得无影无踪。此人只好无奈地环顾独自置身其中的荒野，却仅仅看到了一片令他无比忧伤的景象。因为这里既没有高大的树木，也没有丛生的灌木，连一株小花、小草都没有，只有令人充满恐惧的茫茫荒野。于是他感到一阵害怕，无边无际的荒原以一种压倒一切的力量向他逼迫过来，既不可抗拒，又难以逃避。但他只得拚命鼓起勇气，跛着脚向前走去。他有时采几颗沼泽地上的浆果或草根，吸干浆液之后，再把又硬又苦的籽含在口中嚼很长时间。有时，他能幸运地捞上几条水坑里的小鱼，喝点开水。有时，他不得不把来到世上也许只有一天的小沙鸡活活塞进嘴里，嚼得吱吱直响。他甚至贪婪地吮吸、咀嚼过野狼美餐一顿之后留下的骨头。然而就在此时，一只差不多同他一样饥饿瘦削的灰色病狼偏偏盯上了他。随后，在这片死气沉沉的荒原上，人狼之间为了争夺生存的权利，开始展开一场殊死搏斗。生命垂危的人不断地艰难爬行着,而奄奄一息的狼紧随其后，各自都在孤注一掷地进行最后的垂死挣扎，共同走上了一条你死我活的生存竞争之路。任何一方都想灭掉另一方，而不被另一个所消灭。最痛苦不堪的是彼此还要耐心等待最佳战机。求生的意志推动着人匍匐、爬行和滚动。最终毅志无比刚强、拒绝死亡的人战胜了狼。他用牙齿咬进了病狼的脖子，狼毛沾了满嘴，对生存的渴望还使他饮下了狼的热血。

杰克·伦敦深受尼采超人哲学的影响，总是以“超人”自居。虽然他最终没有成为超人，但他笔下的人物在同来自大自然的恐惧、饥饿、野兽与死亡的抗争中，总是奇迹般地唱着胜利之歌。为此，有评论家指出，“杰克·伦敦善于将人物置于艰难的逆境，让环境折磨、考验人物，从而凸现人物在斗争中的人格的伟大和刚强”[①]。杰克·伦敦就是用这种反复出现的危机来考验人物个体的机智、勇气、毅力与品性，以表现其非凡的意志和创造力，即使死去也要带着人的尊严。在《寂静的雪野》（*The White Silence*）中，淘金人梅森不幸地被一株高大的老松树压得很惨，“只有偶尔的一声呻吟，说明他还活着”。但清醒过来之后，他却让同伴带上自己的妻子继续往前走，他自己则最终留在了由两棵小松树架起的“空中坟墓”里。

杰克·伦敦关于冰天雪地的北方故事之所以激动人心，是由于其中充满了大自然神秘、寒冷、怪异和令人毛骨悚然的野性，以及在野性的大自然里，以非凡的毅力为生存而不断斗争和试图克服种种障碍取得成功的人物个体。由他所创作关于城市生活的作品则充满了来自社会的野性。面对来自社会的种种灾难与危机，他笔下的人物却总是失败者。最典型的失败者就是标志着杰克·伦敦创作高峰的《马丁·伊登》（*Martin Eden*）与短篇小说《一块牛排》（*A Piece of Steak*）中的主人公。这两

① 杜进.在双重撞击中展现人物性格——略谈杰克·伦敦短篇小说的人物塑造艺术[J].外国文学研究,2000(3):101.

部作品中的主人公不是面临瞬间决定你死我活的险境，而是被饥饿、疲惫、无奈、充满失望的生活一步步缓慢地逼上令人不得不奋起一搏的绝望境地。

《马丁·伊登》是一部半自传体小说，基本上取材于作者本人早年做水手、做工人，以及后来自学成才的经历。作者通过虚构的故事情节，描写一个出身下层的水手马丁·伊登，出于正义感解救了遭一群无赖殴打的富家子弟阿瑟·摩斯（Arthur Morse），因而结识了摩斯一家。初次拜访这个上层中产阶级家庭以及与罗丝·摩斯（Ruth Morse）的邂逅成了他一生命运的转折点。马丁生性颖悟，对美非常敏感，在他眼里摩斯一家是文明之美的代表，仪态高贵优雅、美得超凡脱俗的罗丝则是慧美与爱情的理想化身。于是马丁把对罗斯的爱情视为他至高无上的人生追求，并以此为动力，开始了脱胎换骨的自我改造，走上文学写作的道路。他拼命地阅读、写作，但作品却屡遭出版界的冷落，罗丝也与这个不能做出点成绩来出人头地的人分道扬镳了。就在他穷困潦倒、心灰意冷之际，命运之神似乎开始青睐于他，因为他以前的作品相继为许多报刊采用刊登，并奇迹般地风靡出版市场。接着与他断绝亲戚关系的姐夫，不肯给他赊账的店主，对他不屑一顾的摩斯夫妇以及法官都改变了态度，向他展示出上层社会彬彬有礼的风度和谈吐，对他趋之若鹜。最后连罗丝也主动登门，要求重温旧情。然而马丁已饱尝世态的炎凉、爱情的虚伪、资产阶级名利场上的空虚与市侩，他想回到原来出身的阶级却又办不到，只剩下彻底幻灭感的马丁最终投海自尽。

《一块牛排》讲述的是一个告别了青壮年黄金竞技时代的老拳击手汤姆·金（Tom King）的故事。这个故事发生在他从享用一顿晚餐到参加拳击比赛的短短几个小时之内。汤姆·金老了，无法养活妻儿，但是为了三十个金镑，他今晚要去与一个朝气蓬勃的强壮青年比赛。食品店不肯再赊账，孩子们饿着肚子上床睡了觉，妻子用最后两个小钱买来面包，并向邻居借来面粉，给他一个人准备了晚餐。他比赛前到处打短工，很长时间没有练过拳，最要命的是后来吃不饱，还要步行两英里来到赛场。尽管他在比赛中用巧计和智慧保存自己的体力和精力，一再地用手、脚和身体其他部位的佯攻诱惑对手反击，以消耗对方体力，但是汤姆·金毕竟老了。他渐渐体力不支，打出的拳分量不够重，出手也不够快，沉重的胳膊也打不了他意志中的那么高，他终于败下阵来，含着眼泪走回家去。决定胜负的那一拳，就因为缺少一块牛排而输了。

有批评家家指出，“城市之异于原野，似乎在于前者的房屋众多，人口稠密，或者说人为的境界排斥，压倒了大自然的安排。但是城市里也有冷漠、严酷的荒原和波涛汹涌的海洋。其中的险恶，并不亚于自然界莫测的风云”①。不同的只是，城市中一触即发的敏感点来自人对充满野性的社会里饥饿、疲劳、困顿、不公

① 雨宁.杰克·伦敦作品精粹[M].石家庄:河北教育出版社,1993:336.

正等因素的消极反应。在野性的大自然里，受到主人精心饲养和严格训练的狼种犬，逐渐克服了狼性后，仍然会忠实于它的主人，并在危急时刻咬死敌人，挽救主人的生命，如《白牙》（*The White Fang*）所叙述的故事。而在野性的现实社会中，人与人之间反而见利忘义，采取阴险狠毒的手段击败对手。例如，《铁蹄》（*The Iron Heel*）中，工人杰克逊为保护机器而被轧断胳臂，不但没有得到一点抚恤金，反而被资本家一脚踢出工厂，最终上告无门。《在甲板的天棚下面》则描写一个来自上层社会的有钱女性为了寻开心，竟将小钱扔在有鲨鱼出没的海水里，让一群可怜的孩子从船上跳水下去捞，直至最优秀的孩子被鲨鱼一口咬成两半。为了摆脱失业、流浪、饥饿、疾病和死亡，人们有时还必须以顽强的意志如深渊中爬出的野兽一般挣扎着活下去。杰克·伦敦的多部小说都反映了这一点。其中有他的短篇小说《叛逆》中从七岁就进工厂做工，不断遭受生理及心理极限挑战的小童工强尼，《深渊里的人们》中景象凄惨的伦敦东区贫民窟——男人死于职业病，妇女为一两个便士而出卖肉体，儿童流离失所，以及《监狱》里浑身是血，发出恐怖、痛苦和伤心惨叫声的混血儿。

在1904年发表的《工贼》一文中，杰克·伦敦曾经这样刻画工贼的丑恶嘴脸："上帝在造好了响尾蛇、癞蛤蟆和吸血鬼之后，却留下了一个可怕的实体跟他们在一起。这个实体就是工贼，工贼是……两脚走兽。"其实，把人沦为野兽、机器的又何止是工贼呢？在充满野性的大自然里，杰克·伦敦笔下的人物可以凭借非凡的毅力，克服种种障碍取得成功，而在弱肉强食、残酷无情的资本主义社会中，人沦为机器，甚至人不如狗。这是杰克·伦敦作品所反映出的一个深刻的社会学和文学意义，说明该作家继承了马克·吐温的批判现实主义传统，把美国现实主义文学推进到一个新的阶段。

美学哲学篇

本篇基于哈佛大学出版社主编林赛·沃特斯颇具影响力的著作《美学权威主义批判：保尔·德曼、瓦尔特·本雅明、萨义德新论》(2000)，大量文学作品对西方传统宇宙论中关于时间概念哲学阐释的再阐释，以及欧美作家长期以来对"中国制造"形象的形构等，探讨当代新审美批评派的美学观，时间概念的嬗变和"中国制造"形象中所表现的民族国家意识等。

林赛·沃特斯美学观的现实启示[①]

在《论解构：结构主义之后的理论与批评》（1982）一书的序言里，美国著名文论家乔纳森·卡勒曾引用了弗兰克·伦特里夏说过的话：70年代初叶，人们从现象学迷梦的教条卧室中一觉醒来，发现一个新的存在——雅克·德里达已经绝对把握了当时的先锋批评想象[②]。但此后，当他在各类著述和讲座，包括2011年10月在我国部分高校所作的学术讲座中，谈及审美及其复兴等话题时则使我们明显感到，他在倡导人们从各类复杂的“先锋批评想象”的幻想中清醒过来，并正确认识德里达所主张“结构是一切因素的游戏场所”[③]，以及文学解读充满各种不可思议的颠覆和解构等观点。他似乎坚信，一个审美复兴的

① 本文原载于《西北师大学报》2015年1月第1期，第22—28页。收入本书时有改动。

② 卡勒.论解构：结构主义之后的理论与批评[M].陆扬，译.北京：中国社会科学出版社，1998：6.

③ 朱刚.二十世纪西方文论[M].北京：北京大学出版社，2006：303.

时代已经到来。这恰巧契合了当前哈佛大学出版社的主编林赛·沃特斯的美学观。他在《美学权威主义批判：保尔·德曼、瓦尔特·本雅明、萨义德新论》（2000）的前言中，纠正吉约里关于美学问题讨论早在1993年就已死亡的说法，提出正是在这一时期，"美学又重新崛起了"[①]的观点。

除卡勒和沃特斯二者之外，美国学者比尔·贝克利的《难以控制的美：针对一种新美学》（1998），《哥伦比亚美国文学史》的主编艾默里·艾里奥特的《多元文化时代的美学》（2000），以及英国著名的马克思主义文论家特里·伊格尔顿的《不满的形象》（2003）等著作，也对美学及审美进行了重新发掘和探索。种种迹象表明，自20世纪80年代以来，西方所谓的审美复兴似乎正在缓慢成形。

纵观诸家评说可以发现，西方的文学及艺术从未远离"美学"及"审美"的话题。自20世纪80年代以来，被称为"新审美批评"派的美国学者不断倡导的审美复兴，实质上是对没有在18世纪得到充分发展的欧洲浪漫主义美学的现代化。为此，在阐释"体验""情感""神情涣散"等关键术语时，他们不自觉地深受其中产阶级精英文化的影响。以林赛·沃特斯等为代表的"新审美批评"派美学观念的形成与发展恰好深刻地反映了当代西方美学思想家唤起人们对美再认知的美好愿望。

---

① 沃特斯.美学权威主义批判：保尔·德曼、瓦尔特·本雅明、萨义德新论[M].昂智慧，译.北京：北京大学出版社，2000：5.

一、审美复兴的理论基础

美学是西方哲学学科体系的重要研究领域。两千多年前，古希腊的柏拉图因追问美的本质，方能够以一种天才的提问方式和以本体论为中心的论说等，为西方产出了亘古未有的古代美学。18世纪，德国哲学家、“美学之父”鲍姆加登则以认识论为中心，以代表作《美学》这一恰当名称为近代西方美学举行了“成人仪式”[①]。与他同时代及其之后的康德、黑格尔、叔本华，以及19世纪的尼采等哲学家都对这一重要哲学问题进行过大量论述。

而提及现代西方文学艺术审美，人们会很自然地首先想到19世纪的英国唯美派代表人物奥斯卡·王尔德的观点。他在《意图·撒谎术的衰落》（1891）中认为，美是永恒的，不带任何功利色彩和利害关系；艺术是纯粹的，它的作用是创造而不是模仿，因此艺术和现实没有直接关系，它自主自律，生活、自然只是对艺术的模仿……艺术家应当关注的只能是创造美或美的形式[②]。20世纪初，意大利美学家克罗齐在《美学》（1902）中的主张几乎与王尔德相行不悖。他提出，艺术里最重要的是表现和直觉，它们通过艺术家赋予的艺术形式反映出来，达到所谓的“外部化”；艺术

① 张法.美学导论[M].北京:中国人民大学出版社,2000:5,8.

② 拉曼·塞尔登.文学批评理论——从柏拉图到现在[M].刘象愚,等译.北京:北京大学出版社,2003:250—252.

是艺术家瞬间的心灵展现，是艺术家和鉴赏者心灵的沟通，而与作家意图、社会时代、功利道德，乃至科学等毫无关系①。这两者的美学观与利维斯在《伟大的传统》中极为赞赏的一个简洁明晰的审美界定②几无二致，都是试图从一个“不带责任感的弹性角度”来看待人物形象和情境③。

20世纪二三十年代，将文艺作品的审美功能看作主导因素的俄苏形式主义者对诗歌形式美的过度强调，虽曾引起托洛茨基的严厉批判，被指责为其所宣称的“形式是诗歌的本质”等乃是“美学的妄自尊大”，只能导致语言艺术最后完全终止于词语，描绘的艺术终止于颜色，艺术的法则成为言语的集合与颜色的叠加④。但是，根据I.A.瑞恰兹在《美学之基》（1925）中对美的16种哲学定义⑤，继形式主义之后的英美新批评、结构主义、后结构或者解构主义、新历史主义，乃至偏重女权主义的性别研究和后殖民主义等，实质上均将各自研究的重心向美倾斜，并在对这一领域的研究过程中审美。不同的是，在强调形式创新的同时，这些后来者似乎重新校正了艺术、生活和自

① 朱刚.二十世纪西方文论[M].北京:北京大学出版社,2006:44.

② 利维斯曾特意在此处以括号的形式指出,“不带责任感的弹性角度”是对“审美”一词的诸多含义之一所下的一个有用的界定。

③ 朱刚.二十世纪西方文论[M].北京:北京大学出版社,2006:48.

④ 朱刚.二十世纪西方文论[M].北京:北京大学出版社,2006:37.

⑤ 在对美学史上关于“美”的定义进行了类型区分之后,瑞恰兹曾归纳出“任何具有美的基本属性的事物均是美的”等16种哲学定义。参见:I.A. Richards, The Foundations of Aesthetics[M]. New York: Lear Publishers, 1925: 20—21,78.

然三者之间的关系，并略微增加了一点艺术模仿生活和自然观照的比重，但他们只是从来没有使用任何有关美与审美的名词或者术语而已。

综上所述可以发现，长期以来，西方的文学艺术一直就没有离开过美学及审美的话题。那么，20世纪80年代后活跃起来的审美复兴派为何还要再提审美？鉴于20世纪各种文学理论的峰涌迭起，这一现象除了验证哈罗德·布鲁姆在1994出版的《西方正典：伟大作家和不朽作品》“哀伤的结语”中的预言——“文学研究的巴尔干化已经不可逆转”①，还必将令人们深思，当代西方美学家要复兴的是一种什么样的美学。作为近年来致力于审美复兴，且表现极为活跃，影响又颇为广泛的一位美国学者，林赛·沃特斯的观点显然具有代表性。为此，从他在此领域的著述入手探讨本论题不失为一个有效的契入点。他在2005年刊发在美国《高等教育编年史》中的一篇题为《文学审美：一种理念》（*Literary Aesthetics: the Very Idea*）的评论中叹息，当代的文学批评不再以美学欣赏为目标。在此文中，他将美学定义为研究人们对艺术所做出的反应②，颇有以读者反应视角赞同王尔德和克罗齐的纯粹艺术的意味。

在《美学权威主义批判：保尔·德曼、瓦尔特·本雅明、

① 布鲁姆.西方正典:伟大作家和不朽作品［M］.江宁康,译.南京:译林出版社,2005:409.

② 沃特斯在此文中提出“Literary criticism no longer aims to appreciate aesthetics — to study how humans respond to art”等观点。

萨义德新论》一书中，沃特斯详细论述了三位美学家的代表性思想，并以此作为其所提倡的个体化美学的理论基础。其一便是出现在20世纪三四十年代，极大影响哲学、历史、语言、文学及艺术等领域的瓦尔特·本雅明的美学思想。在《德国悲剧的起源》等论述中，本雅明曾指出，艺术的目的是表达理念[①]，持久的美是认识的客体，哲学不应该试图否认它重新唤起了作品的美[②]。在《机械复制时代的艺术作品：在文化工业时代哀悼"灵光"消逝》中，他提出，机械复制的艺术改变了大众与艺术的关系，促使最落后的关系激变为最进步的关系。在进步行为中，进行观照和体验的快感与行家般的鉴赏态度发生了直接关系，并成为一种重要的社会标志。为此，艺术的社会意义越少，大众的批判和欣赏态度也就被分解得越多[③]。本雅明还认为，人与机器结合的"混血儿"产物创造了电影，并不存在赋予艺术家生命，或者规定艺术必须以它自己的形象为依据的万能者等。这些主张深受沃特斯的青睐[④]。

沃特斯欣赏的另一位重要思想家是保尔·德曼。他认为，

---

① 瓦尔特·本雅明.本雅明文选[M].北京:中国社会科学出版社,1999:117.

② 瓦尔特·本雅明.本雅明文选[M].北京:中国社会科学出版社,1999:136.

③ 本雅明.机械复制时代的艺术作品:在文化工业时代哀悼"灵光"消逝[M].李伟,等译.重庆:重庆出版社,2006:19.

④ 沃特斯.美学权威主义批判:保尔·德曼、瓦尔特·本雅明、萨义德新论[M].昂智慧,译.北京:北京大学出版社,2000:257.

德曼的内在性经验是一种特殊的“浪漫的”经验，是他对于自我和意识的理解，并使他获得了最大的学术成就[①]。不过，受斯蒂文森“想象力的缺乏/本身就需要用想象力来表现”等观点的影响，由德曼所提出并引起巨大反感的观点：“不动感情的文学评论”，在沃特斯看来，有必要重新进行评价[②]。沃特斯甚至赞同德曼和A.贝尔等人的观点，认为神灵再降式的时刻只是幻想，人们必须反对将一切绝对化等[③]。此外，萨义德在《东方主义》中提出，作为欧洲——大西洋统治东方的权利符号，东方主义比它作为有关东方的一种真实话语更具有特殊价值。它是地缘政治意识在审美、学术、经济学、社会学、历史学和文字学文本中的播散[④]。这些观点也极大地影响了沃特斯。

解决了以沃特斯为代表的审美复兴派对美学的定义和理论背景的问题之后，剩下的关键就在于理解这一派别对文学艺术进行思辨性哲学观照的不同点。只有这样，我们才能分辨其理论与现实的交融意义。

---

① 沃特斯.美学权威主义批判：保尔·德曼、瓦尔特·本雅明、萨义德新论[M].昂智慧，译.北京：北京大学出版社，2000：102.

② 沃特斯.美学权威主义批判：保尔·德曼、瓦尔特·本雅明、萨义德新论[M].昂智慧，译.北京：北京大学出版社，2000：137.

③ 沃特斯.美学权威主义批判：保尔·德曼、瓦尔特·本雅明、萨义德新论[M].昂智慧，译.北京：北京大学出版社，2000：86.

④ 朱刚.二十世纪西方文论[M].北京：北京大学出版社，2006：503—504.

二、重视从“体验”中审美的观点

在《美学权威主义批判》里，沃特斯注意到罗兰·巴特曾提出：有必要在美学领域发动一场革命，使愉悦和狂喜、情感和感受成为人们关注的中心，从而把文学研究究竟是意识形态的奴隶还是脱离前者这一长期困扰人们的问题搁置一边[①]。尽管沃特斯似乎忽略了这场本该在美学界发起的革命却率先在文学领域兴起了革新，但他还是清醒地认识到文学艺术作品的审美功能当前已经远远领先于社会功能，于是审美体验、情感、判断、趣味等成为他的常用词。他无疑发现，在他标举的三位理论家——本雅明、德曼和萨义德的背后，闪现着欧洲早期浪漫主义的历史背景，他们的活动因而构成了一种潜在的非同寻常的文学理论史，即一种强调艺术体验的文学艺术批评史[②]。

沃特斯首先以康德提出的“体验是自我存在的最重要证明”[③]为依据，为他在所有审美理念中最为重视的“体验”概念

① 沃特斯.美学权威主义批判：保尔·德曼、瓦尔特·本雅明、萨义德新论[M].昂智慧，译.北京：北京大学出版社，2000：6.

② 沃特斯.美学权威主义批判：保尔·德曼、瓦尔特·本雅明、萨义德新论[M].昂智慧，译.北京：北京大学出版社，2000：10.

③ 沃特斯.美学权威主义批判：保尔·德曼、瓦尔特·本雅明、萨义德新论[M].昂智慧，译.北京：北京大学出版社，2000：166.

开路清障，并认为未来哲学也应该把它放在第一位[①]。该词密切地契合了人们对“aesthetic”的最初直译——“感性学”的观照范围[②]，并与R.沃肖的观点相互支撑。R.沃肖指出，“现代世界正害着情感麻痹症”[③]，因此亟待现代人从病态中康复，复原一种个体对生活和自然的天然感知，而不是陶醉在迪士尼等带给人们的所谓廉价愉悦中[④]。在沃特斯等看来，这种“体验”是指自我顺从艺术的感染力，自愿接受艺术的“欺骗”，接受它所提供的幻景而改变生活道路，抑或发现生活没有意义[⑤]。

沃特斯对“体验”一词的审美判断又让我们不禁想起尼采在《权力意志》中的有关主张，即审美体验本能地包含着一种批判，比如美与丑的判断就是近视的，它们总是具有针对自身的理智[⑥]。正是在针对自我及现代人自身的判断理智中，沃特斯发现了问题的症结所在。他认为，现代人是为了保持正确而牺牲自由，并因而牺牲情感[⑦]，最终变得麻木，丧失对一切事物的

① 沃特斯.美学权威主义批判：保尔·德曼、瓦尔特·本雅明、萨义德新论[M].昂智慧，译.北京：北京大学出版社，2000：24.

② 张法.美学导论[M].北京：中国人民大学出版社，2003：8.

③ 张法.美学导论[M].北京：中国人民大学出版社，2003：34.

④ 沃特斯.美学权威主义批判：保尔·德曼、瓦尔特·本雅明、萨义德新论[M].昂智慧，译.北京：北京大学出版社，2000：35.

⑤ 沃特斯.美学权威主义批判：保尔·德曼、瓦尔特·本雅明、萨义德新论[M].昂智慧，译.北京：北京大学出版社，2000：24.

⑥ 尼尔.权力意志[M].孙周兴，译.北京：商务印书馆，2007：638.

⑦ 沃特斯.美学权威主义批判：保尔·德曼、瓦尔特·本雅明、萨义德新论[M].昂智慧，译.北京：北京大学出版社，2000：35.

感知。所以他赞同克莱斯特的观点，即人们应该再吃一次智慧之树的果子，以便回到无知状态中去①。仿佛只有这样，现代人才能从无知无觉之中产生体验，拥有如没有生命的木偶人一般的“没有能力矫情”的优越性②。

沃特斯的这种观点明显深受美国中产阶级精英文化的影响。他忽略了长久以来，在西方乃至国际社会各种多元的表象下，霸权资本主义文化已取得了绝对性胜利。这一缺乏匹配对手的文化早已成为孤家寡人，导致艺术面对的只是具有霸权文化思想的同仁。为此，在由它制造及操控的高度体制化社会里，自然不会有众多动辄产生情感或者受到感动的观众，因为其千篇一律的相似性必定毫无例外地剥夺他们的自由感和个体性，这是长期的政治决策和人为教育的必然结果。

如此一来，自称在复兴某种美学的新审美批评似在应验尼采在《悲剧的诞生》中的审美观：人相信世界本身充斥着美，却忘了自己是美的原因，所以人是在美之中崇拜自己，并将反映其形象的事物认作美的。继而，“美”的判断就是他的族类虚荣心③。因此，尼采犀利地指出，在审美过程中，人将艺术、生活和自然人化后的美看作是“某种强力形象的显现。没有什么

---

① 沃特斯.美学权威主义批判：保尔·德曼、瓦尔特·本雅明、萨义德新论[M].昂智慧，译.北京：北京大学出版社，2000：24—25.

② 沃特斯.美学权威主义批判：保尔·德曼、瓦尔特·本雅明、萨义德新论[M].昂智慧，译.北京：北京大学出版社，2000：26.

③尼采.悲剧的诞生：尼采美学文选（修订本）[M].周国平，译.太原：北岳文艺出版社，2004：203.

是美的，只有人是美的。没有什么比衰退的人更丑了”[①]。

三、神情涣散与情感的问题

除了“体验”之外，沃特斯关注的另一个主要问题是“神情涣散”[②]，因为他极为崇尚萨义德所揭示的一种令人向往的美好体验式自我，这也即是本雅明所说的那种神情涣散状态中的自我[③]。如同前两者一样，沃特斯看重人们在艺术作品面前所体验到的那种被情感淹没了的神情涣散状态，认为这就是艺术作品的作用力，并且是他试图放置于文学理论中心地位的东西。

对照沃特斯所注意到的萨义德的观点，“涣散和集中构成了对立的两极。……一个在艺术作品面前集中精力的人是一个被艺术作品吸引住了的人。……相反，一个在艺术作品面前神情涣散的人是一个吸收了艺术作品精髓的人”[④]，不难发现，他是以“被艺术作品吸引”和“吸收艺术作品精髓”这样两种反向运动，来区分“精力集中”与它的对立面“神情涣散”。因为二

①尼采.悲剧的诞生:尼采美学文选(修订本)[M].周国平,译.太原:北岳文艺出版社,2004:204.

② 沃特斯.美学权威主义批判:保尔·德曼、瓦尔特·本雅明、萨义德新论[M].昂智慧,译.北京:北京大学出版社,2000:39.

③ 沃特斯.美学权威主义批判:保尔·德曼、瓦尔特·本雅明、萨义德新论[M].昂智慧,译.北京:北京大学出版社,2000:37.

④ 沃特斯.美学权威主义批判:保尔·德曼、瓦尔特·本雅明、萨义德新论[M].昂智慧,译.北京:北京大学出版社,2000:354.

者都是可以使人暂时失去控制，难以自拔的体验。在文学作品里，陶醉在艺术之中而忘记周围一切甚至自我的人物，沉迷在艺术迷狂状态的个体抑或群体，常常会产生体验的狂喜，继而引发刻骨铭心的情感和理智的判断等。

不过，沃特斯的“神情涣散”与“移情”“内模仿”等经典概念有交叉重叠的内涵。例如，朱光潜在《悲剧心理学》中就指出，在审美活动中，通过移情作用，无知觉的客体有了知觉，它被人格化，开始有感觉、感情和活动能力。通过内模仿，主体分享着外在客体的生命，并仿照它们形成自己的感觉、感情和活动[①]。在体验美的过程中，我们还会发现，现代人不是没有神情涣散或者涣散得不够，而是极为匮乏某种专心致志的神情。为此，现代人缺失的是充满自由体味的狂喜体验。

沃特斯的“神情涣散”这一概念极类似于自20世纪90年代以来新兴的神经美学（neuroaesthetics）先锋人物V.S. Ramachandran所提出的“峰移效应”（peak-shift effect）。它是用来解释艺术现象和审美行为背后一系列心理和神经机制的一个术语，特指因艺术创作需要对事物及人物的典型特征或独特要素进行抽象提炼和有意夸张，因而这种“有意失真”的手法使其成为“超级刺激”，相比于原本真实的刺激，前者可诱发个体做出更

① 朱光潜.悲剧心理学——各种悲剧快感理论的批判研究[M].张隆溪，译.北京:人民文学出版社,1983:17.

强的反应[1]。这个术语因交叉了艺术、实验美学和神经科学等领域，并涉及神经机制及其反应，因此更易于为人们所理解把握。

由于体验和“神情涣散”涉及情感，我们还需关注沃特斯所指出的“在文艺批评和美学领域中，最紧迫的问题之一就是情感问题”[2]等观点。他承认，艺术体验中有情感的介入，但因情感常常涉及艺术狂热及愉悦的变化无常，甚至曾被看作“放荡的大脑的产物”[3]，所以他坦言情感是不受欢迎的魔鬼[4]。在此之前，他还提出，“美学已经成为把魔鬼关到瓶子里这一行动的积极帮手”[5]，而且“艺术体验涉及新知识，并且具有情感投入这样一种优越性”[6]，但这一情感投入同时又太危险，因为它是一种“有可能失控”的行为[7]。

在该书的前言中，沃特斯归纳了诸多哲人对情感的现实描述。

---

① 张卫东.西方神经美学的兴起与发展[J].华东师范大学学报(教育科学版),2011(4):50.

② 沃特斯.美学权威主义批判:保尔·德曼、瓦尔特·本雅明、萨义德新论[M].昂智慧,译.北京:北京大学出版社,2000:330.

③ 沃特斯.美学权威主义批判:保尔·德曼、瓦尔特·本雅明、萨义德新论[M].昂智慧,译.北京:北京大学出版社,2000:338.

④ 沃特斯.美学权威主义批判:保尔·德曼、瓦尔特·本雅明、萨义德新论[M].昂智慧,译.北京:北京大学出版社,2000:331.

⑤ 沃特斯.美学权威主义批判:保尔·德曼、瓦尔特·本雅明、萨义德新论[M].昂智慧,译.北京:北京大学出版社,2000:168.

⑥ 沃特斯.美学权威主义批判:保尔·德曼、瓦尔特·本雅明、萨义德新论[M].昂智慧,译.北京:北京大学出版社,2000:311.

⑦ 沃特斯.美学权威主义批判:保尔·德曼、瓦尔特·本雅明、萨义德新论[M].昂智慧,译.北京:北京大学出版社,2000:312.

他指出，在过去的两百年里人们重智力而轻感官，轻视艺术接受者在评价中的作用①。事实上，人们离不开包括情感在内的记忆痕迹，因此，沃特斯希望当代的人们能够像童话故事里的汉塞尔和格蕾特尔在森林里留下面包屑，以便随后跟随它的痕迹找到回家的路一样，有能力寻找生活中失落的任何重要连接点②。

虽然明知情感是有争议的东西，沃特斯还是念念不忘贝尔将情感看作“历史积淀起来的精神状况”③，认为它比判断更为重要，是价值评定的基础④。因为，他无疑完全赞同本雅明所谓理论都是灰色的，而生命之树的颜色应该是绿色，甚至红色、黄色和蓝色等⑤。而有争议的情感则常常会改变理论的色彩，并因其中的私人性即个性化和充满屡遭世人诽谤和攻击的愉悦性，以至于会不断带给理论以生命。在想到普鲁斯特将与情感直接相关联的直觉和智力排在了审美体验的第一和第二位时⑥，沃特斯显然

① 沃特斯.美学权威主义批判:保尔·德曼、瓦尔特·本雅明、萨义德新论[M].昂智慧,译.北京:北京大学出版社,2000:33.

② 沃特斯.美学权威主义批判:保尔·德曼、瓦尔特·本雅明、萨义德新论[M].昂智慧,译.北京:北京大学出版社,2000:186.

③ 沃特斯.美学权威主义批判:保尔·德曼、瓦尔特·本雅明、萨义德新论[M].昂智慧,译.北京:北京大学出版社,2000:345.

④ 沃特斯.美学权威主义批判:保尔·德曼、瓦尔特·本雅明、萨义德新论[M].昂智慧,译.北京:北京大学出版社,2000:335.

⑤ 沃特斯.美学权威主义批判:保尔·德曼、瓦尔特·本雅明、萨义德新论[M].昂智慧,译.北京:北京大学出版社,2000:334.

⑥ 沃特斯.美学权威主义批判:保尔·德曼、瓦尔特·本雅明、萨义德新论[M].昂智慧,译.北京:北京大学出版社,2000:333.

更加坚定了信念。他明确地表示希望人们“学会理解情感和感受同生活联结起来的心理机制的功能”，并进而提出，“文学阅读是一种道德训练，一种精神健美操”①，试图以此唤起人们更多的情感。

四、审美复兴的实质

在西方历史上，从真正的战争到文化的变革，提倡恢复某种传统似乎永远是一张所向披靡的王牌。始于14世纪的文艺复兴就是其中的一个典型。这个现象揭示的一个规律就是：产生古希腊、古罗马神话及后来不朽史诗的年代是人们探索人之所以拥有复杂的情感及其奥秘的人类文明发展的初级阶段。当人们过于滥情时，整饬道德，恢复理性必定诞生，以便取代难以言说来龙去脉并缺乏根基的情感。这是文明进入高一级阶段的必然结果。而在如启蒙运动般蓬勃发展的理性时代之后，过度遭受压抑的情感又必定催生类似浪漫主义之类的唯情论理念。20世纪不过是以瞬息万变的节奏在重复以往社会历史的基本发展规律。

鉴于认定当下人们普遍缺乏“诗意想象力”，而它又不可或缺，是意识对客体的现实性要求②，并且具有一种透明、清澈和

① 沃特斯.美学权威主义批判:保尔·德曼、瓦尔特·本雅明、萨义德新论[M].昂智慧,译.北京:北京大学出版社,2000:346.

② 沃特斯.美学权威主义批判:保尔·德曼、瓦尔特·本雅明、萨义德新论[M].昂智慧,译.北京:北京大学出版社,2000:115.

非物质性的超凡品质，能够使人超离一种尘世的自然，上升为卢梭所说的以精神为主导的“另一种自然”，[1]因此，诸如沃斯特这样的审美复兴派不断提及的以德曼等为代表的现代美学家的观点，提倡回归法国和英国文学中被压抑的浪漫主义传统显然用心良苦[2]。

沃特斯注意到，德曼的观点不同于人们关于浪漫主义诗歌的一般看法。浪漫主义诗歌于德曼既非自然诗歌，也不是调解诗人的思想和自然之间冲突的诗歌，即使这种诗歌犹如约翰·邓恩的诗歌一般，能够成功地将感觉变成语言，因为语言就是感觉[3]，这一点无可否认。但是，由于想象艺术的最大功能就是触及和显示“一个事物的整体存在”，所以沃特斯又赞成贝特的观点，即诗人和世界应该重新融合[4]。在他看来，艾布拉姆斯的主张，即浪漫主义哲学是关于整合作用的形而上学，它最关键的准则是调和或者综合一切分裂、对立和冲突的事物[5]，似乎可以上升为解决当前公众缺乏诗意想象力的恰当准则。而如何实

① 沃特斯. 美学权威主义批判：保尔·德曼、瓦尔特·本雅明、萨义德新论[M]. 昂智慧，译. 北京：北京大学出版社，2000：116.

② 沃特斯. 美学权威主义批判：保尔·德曼、瓦尔特·本雅明、萨义德新论[M]. 昂智慧，译. 北京：北京大学出版社，2000：115.

③ 沃特斯. 美学权威主义批判：保尔·德曼、瓦尔特·本雅明、萨义德新论[M]. 昂智慧，译. 北京：北京大学出版社，2000：109.

④ 沃特斯. 美学权威主义批判：保尔·德曼、瓦尔特·本雅明、萨义德新论[M]. 昂智慧，译. 北京：北京大学出版社，2000：119.

⑤ 沃特斯. 美学权威主义批判：保尔·德曼、瓦尔特·本雅明、萨义德新论[M]. 昂智慧，译. 北京：北京大学出版社，2000：119.

施，以及解决这一难题的最终目的是什么，沃特斯只是含糊其词地引用了乔治·卢卡契的观点，即美学体验服务于意识形态[①]。然而，正因如此，艺术才不可能成为脱离其他一切社会活动而独立存在的事物。因为，用沃特斯自己的话来说，作为一个阶级或者集团的共同思维状态，意识形态是美学的，同时也是政治的[②]，必将和所有的社会活动联结在一起。

沃特斯极为倚重德曼和本雅明的理论观点。但不幸的是，二者的起始点都是黑格尔[③]。而黑格尔的论点几乎从诞生之日起就受到叔本华的无情叱责、批判与贬低。叔本华早在两百多年前就指出，“一切意愿都产生自需要，因而是产生自缺乏……”[④]。他发现，在他的时代，人们可悲的精神思想为时代烙上了空虚贫乏的印记，所以他主张唤起审美愉悦是解决时代普遍欠缺的审美趣味的有效方法[⑤]。而审美趣味则要求主体的审美认知，正如“要认出

① 沃特斯.美学权威主义批判：保尔·德曼、瓦尔特·本雅明、萨义德新论[M].昂智慧，译.北京：北京大学出版社，2000：332.

② 沃特斯.美学权威主义批判：保尔·德曼、瓦尔特·本雅明、萨义德新论[M].昂智慧，译.北京：北京大学出版社，2000：168.

③ 沃特斯.美学权威主义批判：保尔·德曼、瓦尔特·本雅明、萨义德新论[M].昂智慧，译.北京：北京大学出版社，2000：132.

④ 叔本华.叔本华美学随笔[M].韦启昌，译.上海：上海人民出版社，2004：136.

⑤ 叔本华.叔本华美学随笔[M].韦启昌，译.上海：上海人民出版社，2004：60.

一个智者，自己首先就必须是一个智者”[1]一样。

叔本华还指出，“一件艺术品的美在于，它高举一面清澈的镜子，反映某些这世界一般固有的观念；……一首诗歌作品的美尤其在于：它解释人类固有的观念，从而导引人类对这些观念有所了解……”[2]。在当今时代，这一主张无疑仍然合理有效，尤其是如果我们的时代确如审美复兴派所描绘的那样。这是因为，唤起人们对事物“不知不觉”或者“出乎意料”的感知，体验某种“心烦意乱”“散漫混乱”抑或“分裂”的神情涣散等具有非严肃艺术标识的情感概念，应该要比培养任何一种复杂的审美趣味简单得多。

不仅如此，审美复兴派还应当留意《现代性的五副面孔——现代主义、先锋派、颓废、媚俗艺术、后现代主义》（1987）的作者马泰·卡林内斯库在“媚俗艺术”一章中的观点。卡林内斯库认为，媚俗艺术在本质上是现代的，但却似乎是浪漫主义的后果[3]。他注意到，早在50年代后期，哈罗德·罗森伯格在《新艺术的传统》中就指出，在目前的社会体制中，唯媚俗艺术有存在的社会理由。它已俘获了所有艺术，无论哪

---

① 叔本华.叔本华美学随笔[M].韦启昌，译.上海：上海人民出版社，2004：142.

② 参见叔本华著、范进等译：《叔本华论说文集》第644页，商务印书馆2020年版。在这里，叔本华还指出，“美永远是一个关于知识的事情，它诉诸认识着的主体，而不是意志。”

③ 卡林内斯库.现代性的五副面孔——现代主义、先锋派、颓废、媚俗艺术、后现代主义[M].顾爱彬，李瑞华译.北京：商务印书馆，2002：255.

一种艺术的问题都不在于虚伪或者欺骗，而在于放松肌肉，同时找到能够对某些规则做出反应的受众[①]。

不仅如此，卡林内斯库还发现，伪艺术这多面妖魔有一种取悦他人的力量，不仅能够满足最简单最广泛的流行审美怀旧感，还能满足中产阶级模糊的美的理想力量[②]。他甚至提出，浪漫主义本身虽不是媚俗艺术，但却是媚俗艺术之母，二者之间的相似性在于共同的怀旧特性上。作为富人专利的“豪华的媚俗艺术”是应一个充满消遣、娱乐和文化工业的富裕消费社会需要而诞生的，它在19世纪富裕资产阶级的伪贵族式审美观念中有着坚实的传统根基[③]。

卡林内斯库的观点极易令人想起沃特斯为说明“神情涣散”所举的两个实例。一个是沃特斯本人在欣赏吉米·亨德里克斯的音乐会时受到震惊，产生了一种抓不住的体验感[④]。另一个是列举华兹华斯翻越阿尔卑斯山，但满怀憧憬的他不久后所收获的却是所谓稻草而不是鲜花。面临一无所获的沮丧，华兹华斯

---

① 卡林内斯库．现代性的五副面孔——现代主义、先锋派、颓废、媚俗艺术、后现代主义[M]．顾爱彬，李瑞华译．北京：商务印书馆，2002：242.

② 卡林内斯库．现代性的五副面孔——现代主义、先锋派、颓废、媚俗艺术、后现代主义[M]．顾爱彬，李瑞华译．北京：商务印书馆，2002：247

③ 卡林内斯库．现代性的五副面孔——现代主义、先锋派、颓废、媚俗艺术、后现代主义[M]．顾爱彬，李瑞华译．北京：商务印书馆，2002：257—261.

④ 沃特斯．美学权威主义批判：保尔·德曼、瓦尔特·本雅明、萨义德新论[M]．昂智慧，译．北京：北京大学出版社，2000：158—159.

重新调整旅行心态，最终得到了一番意想不到的心灵大丰收①。这两个实例一个为茶余饭后的艺术个体所作自我精神陶冶，另一个是对名人旅行回忆的反思，无不富含媚俗艺术充满消遣、娱乐和怀旧的特征。

席勒曾辛辣地指出，维纳斯、朱诺和阿波罗等充满人类美好理想的形象出自古希腊而不是古罗马，原因是古希腊人偏爱奥林匹克运动会上的拳击、赛跑及智力等各种不流血的运动型竞赛，而古罗马人则热衷于幸灾乐祸地观看角斗士鲜血淋漓的惨痛经历。席勒还在其后紧接着指出，美不仅仅是生命和形式，更是一种活生生的形式。这即是说，美由此给人规定了绝对形式化和绝对现实性的双重律法。理性为此决定人应该，而且也只能与美打交道②。而只有拥有了古希腊人的那种偏好的人才能体验《巴黎圣母院》里的丑八怪噶西莫多式的美，以及布莱克关于地狱的警句所提出的“充满活力即为美”③等。

三百多年前的席勒似乎提醒我们，审美匮乏将是人类在跨入消费社会的文明阶段后，面对长期的体制化所形成的必然结果。这种结果只能让我们更加赞同尼采在《悲剧的诞生》中提

① 沃特斯. 美学权威主义批判：保尔·德曼、瓦尔特·本雅明、萨义德新论[M]. 昂智慧，译. 北京：北京大学出版社，2000：233.

② Schiller J. C. Friedrich von. “Letters upon the Aesthetic Education of Man” [J]. Letter XV, Literary and Philosophical Essays The Harvard Classics. 1909-14. https://www.bartleby.com/32/515.html.

③江宁康. 文学经典的传承与论争——评哈罗德·布鲁姆的《西方经典》与美国新审美批评.[J]. 文艺研究，2007 (5)：132.

出的“自在之美”只是一个空洞的词语，美丑皆在于人的观点[①]。在当今充满导向性的广告、演说和各类影视剧作及歌曲的现代社会，这些言辞显然充满反讽意味。我们不能不惊叹尼采近两百年前的断言，即人认为世界是美的，世界就真的因此而被美化了吗？人把世界人化了，仅此而已[②]。而人所提供的是美还是丑，亦即是古希腊式的还是古罗马式的原型就只能依靠个体的人化判断了。而这一个体化的判断所产生的审美体验必将千差万别。

五、结语

在《文学理论》一书中，勒内·韦勒克和奥斯汀·沃伦曾坦言，他们不能确定王尔德在《意向》中提到惠斯勒发现雾的美学价值，以及拉斐尔前派在从未被人们认为美或典型的各类妇女中找到的美是否可以算作“知识”或者“真理”的例子。二者提出只能将其视为新的“知觉价值”和“美学性质”的新发现[③]。利维斯也曾在《伟大的传统》第二章中对文学评论家提出这样的忠告，“‘审美’一词拖着一连串的混乱，文学批评家们最好还是戒掉

① 尼采.悲剧的诞生:尼采美学文选(修订本)[M].周国平,译.太原:北岳文艺出版社,2004:203.

② 尼采.悲剧的诞生:尼采美学文选(修订本)[M].周国平,译.太原:北岳文艺出版社,2004:203.

③ 韦勒克,奥斯汀·沃伦.文学理论[M].刘象愚,译.南京:江苏教育出版社,2005:25.

这个词”。他还在其后举出实例，说明詹姆斯曾因乔治·艾略特认为《高老头》是本“可恶的书”等，而发出过一通艾略特缺乏“自由的审美生活”的议论[①]。不知这些大师们如果看到当今的美学家们试图通过各种建筑、绘画、摇滚音乐，重在观察和放大事物的电影，以及人们在日常生活中最常见但也有可能被认作是最污秽的禁忌实物，如粪便等来提醒世人关注审美体验，并期待通过它们对历经二战和之后的冷战，直至当前时刻面临多元文化和霸权主义等繁杂现象并列的现实的人们进行审美教育时会做何感想。布鲁姆必定对此感慨万千，所以他在《西方正典》中充满悲情地发出疑问，为什么恰恰是文学研究者变成了“业余的社会政治家”“半吊子的社会学家”“不胜任的人类学家”“平庸的哲学家”，以及“武断的历史学家”呢？[②]

在《悲剧的诞生》中，尼采就已开始了对19世纪所谓现代文化的批判。他指出，由于悲剧精神的沦亡，现代人已经远离人的根本。但贪得无厌，饥不择食的求知欲和世俗化倾向恰恰暴露了其内在的贫乏。所以他曾将时代得救的希望寄托在悲剧文化的复兴上[③]。他还形象地将现代人用五光十色的昔日文化碎片掩盖自己的贫乏和枯竭，造成虚假的繁荣比喻为“一件披在

① 利维斯.伟大的传统[M].袁伟，译.北京：三联书店，2002:49.

② 布鲁姆.西方正典：伟大作家和不朽作品[M].江宁康，译.南京：译林出版社，2005:412.

③ 尼采.悲剧的诞生：尼采美学文选(修订本)[M].周国平，译.太原：北岳文艺出版社，2004:11.

冻馁裸体上的褴褛彩衣”，并指出，现代人的形象已经成为彻头彻尾的假象[①]，现代文化成了“隐藏自己的做戏艺术”，现代人因为枯竭麻木而寻求刺激，艺术成了制造人为亢奋的手段[②]。

如果西方文学及文艺理论的发展果真会像尼采及布鲁姆所预言的那样不可逆转，我们就只好在无奈中以朱光潜先生的美学思想聊以自慰。他曾指出，这世界对于思考者是喜剧，对于感觉者却是悲剧[③]。但正确欣赏悲剧也需要一定程度的鉴赏力和审美修养，因为它能够使我们接触到崇高和庄严的美，唤起我们灵魂中崇高庄重的感情，而只有崇高的心灵里才会有崇高的快乐[④]。深受沃特斯赞许的本雅明也曾经在《机械复制时代的艺术作品》中提到普鲁斯特喻示的一个重要心灵法则，即：一切事物只有在内心才能找到它的真谛；生命的景象只有通过心灵之镜的发射才能真正体会到它的深层内在含义，以及回味才是生活的本质，它比生活本身更为重要[⑤]。也许，这便是当代西方美学思想家试图给予生活在后工业文明时代的人们精神层面的现实启示。

---

① 尼采. 悲剧的诞生：尼采美学文选（修订本）[M]. 周国平，译. 太原：北岳文艺出版社，2004:10.

② 尼采. 悲剧的诞生：尼采美学文选（修订本）[M]. 周国平，译. 太原：北岳文艺出版社，2004:11.

③ 朱光潜. 悲剧心理学——各种悲剧快感理论的批判研究[M]. 张隆溪，译. 北京：人民文学出版社，1983:48.

④ 朱光潜. 悲剧心理学——各种悲剧快感理论的批判研究[M]. 张隆溪，译. 北京：人民文学出版社，1983:49.

⑤ 本雅明. 机械复制时代的艺术作品：在文化工业时代哀悼“灵光”消逝[M]. 李伟，郭东，译. 重庆：重庆出版社，2006:18.

西方文学作品中时间概念的哲学嬗变[①]

德国哲学家胡塞尔曾提出，世上只存在一种时间，但对时间的把握却有两种形式。一种是根据实在事物在空间中的运动去把握，这即是所谓的“客观时间”。另一种是根据时间对象在意识之中的显现，依据主体自身的体验去把握，即“内在时间”[②]。而法国的柏格森则将时间做了另类划分，认为其一是纯粹的、没有杂物的，另一种则偷偷地引入了空间观念[③]。上述时间的哲学二分法涵盖了欧洲在认识抽象时间概念过程中曾经产生的各种分歧。而文学艺术手段则恰好相反，是逆分歧而动地归纳有关时间的概念。

自难以考证的远古时代至今，文学作品对时间的再现辉煌

---

① 本文原载于《安徽师范大学学报》(人文社会科学版)2011年3月第2期，第155—161页。收入本书时有改动。

② 胡塞尔.内在时间意识想象学[M].杨富斌，译.北京：华夏出版社，1999:9

③ 伯格森.时间与自由意志[M].吴士栋，译.北京：商务出版社，1989:67

地经历了由古典到现代，从神话到现实，以及从宇宙自然到人类自我的演化过程。现存古代神话和传说典籍，乃至大量的文学作品均可帮助我们架构西方对抽象时间概念的认知轨迹。

在欧洲传统宇宙哲学里，时间作为一个渊源古老而又典型的宇宙意象，表现的是胡塞尔所说的“内在时间”。它由于贴近人们的日常生活，往往被诗人赋予多种象征性内涵。它从古至今周而复始地演绎着至少三个经典定理或者基本事实，那就是：时间代表宇宙和自然秩序；时间是屠戮生命的镰刀和象征生命的沙粒，抑或循环的锁链与宝贵的时机；时间是自我、虚无与混乱，并是体现多种现代与后现代概念的一种个性化表达。

我们首先论证第一个定理，即时间所代表的是宇宙和自然秩序。以日夜为变更码的时间对最初人类几乎没有意义，充其量不过是无限而有规律的日出日落，引导着人的劳作休憩。古罗马的奥维德在《变形记》中将这个四季长春，西风送暖，人类生活安定舒适的时代称作黄金时代[①]。在《失乐园》中，17世纪的英国诗人约翰·弥尔顿对人类在伊甸园的幸福时光做过这样的描绘，“宇宙的潘神和‘美’、‘时’诸女神携手舞蹈，领导着永恒的春”[②]，“在这地方，秋和春常携手对舞”[③]。生活在伊甸园“永恒的春”里的亚当和夏娃此时没有生老病痛的痛苦，每天无须辛苦劳作，更不需忧虑生命的终结。他们的自由

① 奥维德.变形记[M].杨周翰,译.北京:人民文学出版社,1984:3.
② 弥尔顿.失乐园[M].朱维之,译.上海:上海译文出版社,1984:140.
③ 弥尔顿.失乐园[M].朱维之,译.上海:上海译文出版社,1984:190.

意志也“不为那难逃的命运和严酷的必然所支配”[①]。

但在亚当和夏娃偷吃智慧树上的禁果之后，时间的存却开始与人类息息相关。它不仅被赋予生杀大权，拉开了与万物争夺生命的帷幕；而且时刻警示人们——神定的界限是不可违背的。这种理念随着欧洲神话与宗教的发展和传播被根深蒂固地保存下来。在二者的双重影响下，不断诞生的文学作品在反映传统主题的同时，一直没有偏离表现神与人之间统治与被统治，犯罪与惩罚，以及赎罪与救赎之间的二元对立关系。欧洲神话传说中所涉及众多司掌时间的神——例如，季节神、日神、月神以及时辰女神等首先成了文学作品中代表最高神不可更改意志的执行者。约公元前9世纪荷马等人的史诗，以及与史诗同时诞生的古希腊抒情诗等较早地描绘了这些原初的时间幻象。例如，古希腊诗歌中有“人是不会死的，除非命运女神纺完这人的命线”[②]，“雷霆的投掷者——脚步不倦的至高宙斯！你的女儿‘时光’在华彩的竖琴声中旋舞”[③]等诗句，均曾为后世频频引用。

在古希腊抒情诗中，大量聚焦时间诸神所展现的威严神性，使原本抽象的时间在具象化为诸神之后，还成为对人类实施精神统治目标的媒介和化身，以及维持宇宙秩序和度量有限生命必不可少的尺度。

---

① 弥尔顿.失乐园[M].朱维之,译.上海:上海译文出版社,1984:196.

② 水建馥.古希腊抒情诗选[M].北京:人民文学出版社,1988:59.

③ 水建馥.古希腊抒情诗选[M].北京:人民文学出版社,1988:193.

作为宇宙幻象的时间被传承至中世纪末期时虽然有所变化，但反映自然神话的传统仍居于第一位。但丁在《神曲》中，不但以他所处的中古时期所特有的梦幻文学形式，“有史以来第一次表达了带有新时代特征的新思想和新世界观”①，恢复了遭受宗教神学极端压抑的人性主题，而且清楚地表现了宇宙、天体音乐和时间等传统宇宙观念中的重要组成部分。在《炼狱篇》中，但丁对传统时间在古人设定的黄道带上的反映，与英国著名诗歌之父乔叟在《坎特伯雷故事集》“序”中的描写极为相像。例如：《炼狱篇》中有：“我的惩罚已长达几千次月的圆缺”②，“太阳已离开子午圈交进金牛座，黑夜也离开子午圈交进天蝎座”③，“高悬的天秤座照临在厄波罗河上”④等诗句。《坎特伯雷故事集》则有：“青春的太阳已转过半边白羊宫座”⑤等。

英国16世纪的剧作家和诗人莎士比亚也对此做过大量的幻想性描写。17世纪英国诗人弥尔顿的《圣诞清晨歌》和《失乐园》的第十卷中仍清晰可辨该传统。这两部作品对时间在古人设定的黄道带上的运行进行了大量描写。前者曾被哈拉姆评为英语文学中最美丽的作品之一，是诗人依托美丽的传统神话为

① 但丁.神曲[M].朱维基，译.上海：上海译文出版社，1984：4.

② 但丁.神曲[M].朱维基，译.上海：上海译文出版社，1984：172.

③ 但丁.神曲[M].朱维基，译.上海：上海译文出版社，1984：195.

④ 但丁.神曲[M].朱维基，译.上海：上海译文出版社，1984：211.

⑤ 乔叟.坎特伯雷故事集[M].方重，译.上海：新文艺出版社，1955：1.

基底，来展开丰富的想象，并以清脆的音调和明净的风格最终促成冰清玉洁、掷地金声的表现时间的范例。仍然沿用传统天体意象描绘时间变迁的近现代诗人也大不少。例如，19世纪的美国诗人朗费罗在被编入《朗费罗诗选》的《麦迪逊城的四湖》一诗中，就有“白昼，太阳的骏马在碧霄奔驰于每日循环的轨道”[①]的诗句。

如果说，上述文学作品是通过宇宙自然在人的主体思维中构成的幻象表达宏观的时间概念，以天体的空间位移作为时间的存在形式，以生活在时间阴影下的人们对它的赞美反照其中所隐含的神圣敬畏，那么在另外一些文学作品当中，以与渺小的人密切相连的大自然及其季节变化等为标志的众多时间意象仍然在重复植根于神性的传统理念。不同的是，时间冷酷无情且令人恐惧的一面开始被大肆渲染。

这种理念源自公元前6世纪。当时，古希腊著名的哲学家、数学家及天文学家毕达哥拉斯提出了人的生命可划分为童年、青年、壮年和老年四个时期，并与掌管一年四季的神彼此对应，各占二十年[②]。这种观点秉承了荷马在《伊里亚特》第六卷《世代如落叶》所描写人类与绿叶等植物的相似性。荷马在其中写道，“秋叶将枯叶撒落一地，春天到来/林中又会滋发许多新的绿叶，/人

① 朗费罗.朗费罗诗选[M].杨德豫,译.北京:人民文学出版社,1959:160.

② 胡家峦.历史的星空——文艺复兴时期英国诗歌与西方传统宇宙论[M].北京:北京大学出版社,2001:154.

类也是如此，一代出生一代凋谢”[①]。古希腊抒情诗人米姆奈尔摩斯著名的《我们都是绿叶》的诗歌主旨也脱胎于此。不仅如此，米姆奈尔摩斯的诗中还有，“那两位阴森的命运女神始终站在旁边，/一位手中拿着‘老年’这苦果，/另一位掌握着‘死亡’。青春花期短暂，/最多只象太阳照在地上那样长”[②]。这些诗句表明，仍然处于童贞时代的西方人类不但认识到时间反映生命的变化，而且注意到了周围世界物质性存在与人的密切联系。这是人们在用充满创造性的主观想象将时间概念神化和拟人化的同时，描写人类生命被动与脆弱一面的开端。

文艺复兴时期的文学作品同样凸显了这一点。当时，随着但丁的《神曲》和卜伽丘[③]倡导人性，反对神性和神道的“人曲”[④]《十日谈》的问世和传播，文艺复兴的人文精髓开始强调人的至尊地位，诸多文学作品纷纷发生人文精神转向，导致修道禁欲等宗教残余尽失以往貌似华美圣洁的光彩。但在这个崭新的人文思潮中，大量的诗歌和戏剧创作犹如但丁的《神曲》一样，仍然在歌颂人的自由和幸福追求同时，表现了许多以古老传统中的沙漏、龙蛇等物品意象，以及手拿镰刀飞速奔跑，或者张开巨口吞噬生灵的衰朽老者等拟人化形象。这推动蕴含时间概念的宇宙哲学传统在不知不觉中继续深入人心。

① 水建馥.古希腊抒情诗选[M].北京:人民文学出版社,1988:3.

② 水建馥.古希腊抒情诗选[M].北京:人民文学出版社,1988:63.

③ 一译为“薄伽丘”。

④ 但丁.神曲·天堂篇[M].朱维基,译.上海:上海译文出版社,1984:4.

历史的不断演变显然推动了后世的文学家们逐渐学会运用宇宙哲学的变形意象，来表达对时间短暂和转瞬即逝特点的感知，并悲叹它锐不可当的破坏力与毁灭力，感慨人生青春和幸福时光的短暂易逝。而大量与时间密切相关的意象则在上千年的漫长历程中逐步浓缩西方对传统时间表象的虚构，不仅标示时间从极为生动的神秘造物神之意象逐渐转变成了令人恐怖的魔鬼化身，而且帮助人们看到时间背后的诸神丑陋邪恶的阴暗面。这一传统传承至当代，虽然更多地变成了孩子们喜欢收藏的沙漏等玩具，但诗人并没有将传统完全遗忘。例如美国当代诗人梅利尔的诗中仍有“扫帚把上的女巫，鸵鸟，沙漏”[①]的诗句。他在《迷失在翻译中》写到道：

一张牌桌在图书馆里立着，准备
接受那总是不来的智力拼图。
昼光照进来或灯光投下来
射到绿毡那绷得紧紧的绿洲上。
生命远未完成，继续前行，
海市蜃楼从滴漏着的时间之沙升起来
或一点一点地落到空间里[②]

① 梅利尔．梅利尔诗选[M]．周伟驰，译．石家庄：河北教育出版社，2003：192.

② 梅利尔．梅利尔诗选[M]．周伟驰，译．石家庄：河北教育出版社，2003：189.

在《神曲·炼狱篇》里，但丁曾提到了惨遭死神的毒牙咬嚼而死去的无辜婴孩等。《天堂篇》里亦有“一切有力量使我的心转向上帝的牙齿”[①]。这与比他晚三百年出生，一生远隔欧洲大陆的英国大文豪莎士比亚的十四行诗里所反映的传统时间意象几乎完全一致。在此后很长一段时间，被妖魔化的时间一直是抽象时间概念的外在象征符号。

不过，比较但丁和莎士比亚对时间的描绘不难发现，在莎士比亚更为细腻生动的笔触下，传统的时间印记被发扬光大，以至于他的多首十四行诗在表现时间的第一个经典定理之后，还演绎了第二个经典定理，即时间是屠戮生命的镰刀和象征生命的沙粒/漏，抑或宝贵的时机。它从古希腊诗歌中“摧毁一切的‘岁月’”[②]转变为饕餮捷足的时光，最终成为“血淋淋的魔王”，手持锋利的“镰刀”或者“无常的沙漏”，他的“毒手”和“捷足”任凭什么劲手都不能挽回。时光“吞噬自己宠爱的幼婴”，使红颜和皓齿也难免遭受他的毒手。尽管莎翁多次表现了对时间的愤慨和与之抗争的决心，但在时间面前他发现人们无能为力，只有眼睁睁地跟着愚弄人的时光走向永劫，因为时光能够“戳破青春颊上的光艳，/在美的前额挖下深陷的战壕，/自然的至珍都被它肆意狂啖，一切挺立的都难逃它的

① 但丁.神曲[M].朱维基,译.上海:上海译文出版社,1984:209.

② 水建馥.古希腊抒情诗选[M].北京:人民文学出版社,1988:167.

镰刀”[①]。

后世作家根据各自的需要，继续在想象中对令人恐怖的时间做出独特描绘。

弥尔顿在《失乐园》里，写到撒旦的女儿“罪”安慰永为地狱的饥饿所苦的儿子“死”时，亦曾有“你不妨先吃吃这些花、草和果实；/其次吃一切的走兽、飞鸟和鱼类，/暂且做为低级食品”，以及把“时间的镰刀/所割下的东西，尽量吃个够吧”的诗句[②]。这些诗句表明与那些反映永恒宇宙运行而得到人们赞美的时间截然相反，反映在人世的时间由于关乎人类宝贵青春的不断消耗，最终还会残酷无情地剥夺人的生命，因而总是遭到文人唾弃乃至无比辛辣的鞭挞。19世纪的英国诗人拜伦在叙事抒情诗《海蒂》中，悲叹遭遇了海上风暴的堂·璜与海盗女儿海蒂短暂的悲剧爱情：“严酷的‘时间’也不免有些心软，/当他用横暴的镰刀把他们劈开；/他虽是爱情的夙敌，如今也感叹，/叹他们韶华流走，良辰不再”[③]。在《唐璜》中，为歌咏土耳其苏丹后宫女主人的绝伦之美，拜伦夸张地幻想了时间“对有些容颜轻轻放过，它的镰刀只找俗物肆意作践”[④]。这个传统的时间意象与20世纪六七十年代美国“新超现实主

① 此处所提到的意象参见莎翁第12,63,16,65,116,123,126和60首十四行诗。

② 弥尔顿.失乐园[M].朱维之,译.上海:上海译文出版社,1984:389.

③ 拜伦.拜伦诗选[M].查良铮,译.上海:上海译文出版社,1982:202.

④ 拜伦.拜伦诗选[M].查良铮,译.上海:上海译文出版社,1982:401.

义”的主要推动者罗伯特·勃莱在《道德经奔跑》中创作的“如果我们不被尖利的牙齿吃掉”[①]的诗句仍明显一脉相承。荷兰80年代的年轻诗人布迪体现死亡与破灭感的诗句，“黑船。剪自/月亮。镰刀/劈水/时间在陌生的手中”[②]，还有时间的镰刀影子。曾因小说《北回归线》的反叛写作风格与情色描写而颇受争议的亨利·米勒甚至也在《宇宙哲学的眼光》中，以身穿潜水衣潜入水底，感觉自己站在扎实土地上的强者视野，观察喻指任何客观存在物的水面船底、漂浮的垃圾以及滑冰等，并指出不管是否带有极乐的表情，万物都在“等待大镰刀把它们的脑袋割下”[③]。

19世纪的俄罗斯诗人杰尔查文在《时间的河流急遽地奔流》一诗中，也表达了对岁月流逝湮没人类许多文明的洞悉，并宣称“时间”的急速奔流从不曾被人们遗忘。诗人为此感慨不管如何变形，时间始终是一个“永恒的口”，吞噬人间的一切事业和恩怨，使民族、国家、帝王将相等全部沉入遗忘的深渊[④]。

20世纪荷兰生物学家及诗人西雷纽斯提出“癞蛤蟆乃时间的牙齿”[⑤]，来虚拟地夸大癞蛤蟆的丑陋，并表现出对时间的反

① 赵毅衡.美国现代诗选[M].北京:外国文学出版社,1985:642.

② 马高明,柯雷.荷兰现代诗选[M].桂林:漓江出版社,1988:226.

③ 米勒.宇宙哲学的眼光[M].潘小松,译.北京:中国人民大学出版社,2004:274.

④ 张草纫.俄罗斯抒情诗选:上册[M].上海:上海译文出版社,1992:89.

⑤ 马高明,柯雷.荷兰现代诗选[M].桂林:漓江出版社,1988:184.

感与厌恶。荷兰现代女诗人瓦尔蒙特在《布景变换》中写道，“当白天象恐吓信般/刚刚塞进我的房间/梦的红色街蜡就被/太阳飞快的刀子剖开/房子迟缓地睁开苦涩的眼睛/而死灰色的星星从轨道上跌落”[①]。上述诗人们将时间喻为“癞蛤蟆”或者“太阳飞快的刀子”等意象，既再现了现代人对时间的恐惧和憎恶，又依然在还原时间象征毁灭的传统意象。

继承了远古文明和中世纪宗教神学的欧洲文艺复兴运动是西方第一次以人性反对神权，以个性解放对抗在中世纪达到了顶峰的禁欲主义，以及以理性反对蒙昧的人文主义运动。这场伟大的思想运动将新兴资产阶级追求个人自由和幸福的人生目标无限拔高，导致文学作品首次大规模地沿用古人开辟的以歌颂青春和伟人开创的光辉业绩，来挽留生命中的美好宝贵瞬间，从而将其相对延长的唯心主义思想。这最终被诗人演化为表达人们要“及时行乐”的文学创作主题。与莎士比亚同时代的英国诗人埃德蒙·斯宾塞在其著名的《仙后》中所创作“玫瑰之歌”，以及稍后的玄学派诗人罗伯特·赫里克在名诗《摘花需及时》里都反映了这个主题。但这种玩世不恭和缺乏战胜“时间”勇气的人们无疑受到了同时代人的挑战和质疑。而试图超越“时间”的后者却又苦于无法把握残酷而无形的时间，因而他们将抓住人生旅程的某个关键转折点，即“时机”，作为战胜时间，延长生命的代用法宝。“时机”于是转变为“时间”的代

① 马高明，柯雷.荷兰现代诗选[M].桂林：漓江出版社，1988:171.

名词[①]。

“时机”通常被描绘为一个与“时间”一样飞奔疾跑，肩头和脚踵都生着翅膀，有时还带着放在刀尖上的天平，秃顶的前额上则长着一撮卷发的裸体男性[②]。在人们可以发挥想象与虚构的意境当中，难以捕捉的“时机”和难以触摸的“时间”成为彼此的能指。英国第一个重要的散文和论说文作家弗朗西斯·培根在《论时机》中有这样的论述，“机会老人先给你送上他的头发，如果你一下没抓住，再抓就只能碰到它的秃头了”[③]。18世纪末的英国诗人威廉·布莱克也曾感叹一纵即逝的“时机”。《布莱克诗选》里有他的一句诗，“但如你一旦把已熟的时机错过，无尽的痛苦将使你终身泪婆娑”[④]。

也许，这一时期的人们并没有意识到早在公元前约6世纪，古希腊的一位诗人在《献给库瑞涅城的阿刻西拉》的诗中就指出了人世间宝贵“时机”的短暂与稍纵即逝。然而，此诗中“时机是侍从，不是奴隶”[⑤]的诗句却蕴含着后世许多人似乎没有悟出的人生哲理。它表达了时机与人生相得益彰的辩证哲学关系，体现出古代诗人睿智的理性闪光点。

---

① 胡家峦.历史的星空——文艺复兴时期英国诗歌与西方传统宇宙论[M].北京:北京大学出版社,2001:164—165.

② 胡家峦.历史的星空——文艺复兴时期英国诗歌与西方传统宇宙论[M].北京:北京大学出版社,2001:151.

③ 培根.培根经典文存[M].李瑜青,译.上海:上海大学出版社,2006:21.

④ 布莱克.布莱克诗选[M].北京:人民文学出版社,1957:152.

⑤ 水建馥.古希腊抒情诗选[M].北京:人民文学出版社,1988:212.

战胜“时间”的另一个法宝是永恒的信念。莎士比亚曾在著名的第18首十四行诗中表达了文学作品可以战胜“时间”的信念。在他之后的约翰·多恩和乔治·赫伯特等宗教诗人也在《死神，你莫骄傲》以及《时间》等诗中，坚定人终究能够战胜“时间”的信仰，贬低“时间”的强大威力和可怕的毁灭意象[①]。

到了20世纪，“时间”充当杀手的可怕想象在现代人的视野里被完全扭转，现代人反过来产生了杀死“时间”的信念。在20世纪中期，荷兰最有声望的诗人高文纳尔在《在词与事物之间》写道，“你听见又听不见/但它存在/它拥抱又杀死时间”[②]。

历史的进步虽然使时间逐渐失去了狰狞恐怖的面孔，但却依然保留了它一去不复返的特性，并因此成为人们永远无法追回的生命象征。富于幻想的人们遂以古代用于计时的沙漏中看似涓涓细流无尽流淌，而实则极其有限的“沙粒”慨叹时间的快速消逝，表达人们对美好生命的永恒眷恋。18世纪末的英国诗人罗伯特·彭斯在他著名的诗歌《我的爱人是朵红红的玫瑰》中，有不惜耗尽生命之沙也要与爱人团聚的诗句。同时期的德国诗人歌德在《计时》中向爱神厄洛斯惊呼，“厄洛斯，你干啥？两手各拿一只沙时计！/轻浮的神，你是用两种方法在计时？/这一只漏得缓慢，供给分别的情人；/另一只漏得快，是供给眼前相聚的爱侣”，也是

① 胡家峦.历史的星空——文艺复兴时期英国诗歌与西方传统宇宙论[M].北京:北京大学出版社,2001:168—169.

② 水建馥.古希腊抒情诗选[M].北京:人民文学出版社,1988:44.

咏叹生命之沙的杰作。[①]

“沙粒”的传统印记也镌刻在了远隔欧洲的北美大陆。在19世纪美国著名诗人亨利·华兹华斯·朗费罗的“美国民族精神的脉搏”——《人生颂歌》里，诗人领悟到了伟人生平带来的启示，并希望能够像前者一样生活得高尚，在告别人世的时候，“留下脚印在时间的沙上”。美国当代著名诗人格雷戈里·柯索在《死》中仍然写到，“不是索命鬼的钩镰和沙漏的/划痕不是骷髅标志/一路探索死亡我出发了”[②]。

人类在认识到时间是“直线发展”的客观存在之外，还主观地想象了时间的“循环往复”[③]。以生命预言说、前途占卜说和生命轮回说等为主的文学素材，延续了西方对传统时间认知的奇特幻想，反映了人们试图将时间按照个人意愿有条件地前移后推的愿望。这方面较早的范例当属公元前6世纪的古希腊哲学家和诗人塞诺法涅斯。他曾提倡自然哲学，反对毕达哥拉斯的“灵魂转世说”，后世称其为“轮回说”。他在“讽刺诗”中写道，“据说那天他过路，有条狗正在挨打，/他动了怜悯心，便开口这样说，/‘住手吧，别打了，因为老实说吧，/这是我朋友灵魂，听得出是他声音’”[④]。16世纪的苏格兰女王玛丽

① 歌德.歌德诗集[M].钱春绮,译.上海:上海译文出版社,1982:153.

② 柯索.格雷戈里·柯索诗选[M].罗池,译.石家庄:河北教育出版社,2003:166.

③ 胡家峦.历史的星空——文艺复兴时期英国诗歌与西方传统宇宙论[M].北京:北京大学出版社,2001:149.

④ 水建馥.古希腊抒情诗选[M].北京:人民文学出版社,1988:133.

一世在走完她令人哀婉叹息的45年人生，最终被刽子手砍头前曾坚定地说过一句名言，“我死即我生”（In my end is my beginning），可谓是世俗人们信奉生命轮回的现实典范。在《失乐园》第六卷，弥尔顿也以“那无畏的天使，整夜飞行，/后面没有追兵，飞过天界的旷野，/直到‘晨曦’被循回的‘时间’唤醒”①，也表达了他对时间循环的认知。

在以时间为媒介模仿与再现人类社会与自然的密切联系过程中，文学家自觉的虚构意识使古老的时间概念一度被奉为经典，大量的文学作品因而体现出具有连续性与过渡性特征的内在时间概念。按照海德格尔在《存在与时间》中的观点，此时的“时间”仍是“时间之内的状态，世内存在者就在这种‘时间’‘之中’照面”②。

使用这样的比喻手法感性地推测和解释时间，及其带给生命降生、成长、衰败、毁灭乃至循环复生的过程，反映了人类想象过程的规律性和同一性。这样的文学传统几乎还是在严守自亚里士多德以来所形成的“三一律”，完全依赖于纯粹历时的纵向时间流程进行叙事，且基本都是沿着时间线性地抒情。在单维度的叙事或者抒情时空里，文学传统意义上的时间概念总是蕴含某种单向度多层次空间化的有序变幻，其线性模式背后呈现的也总是表现时间变迁的有关时间主体的因果关系。

---

① 弥尔顿.失乐园[M].朱维之,译.上海:上海译文出版社,1984:213.

② 海德格尔.存在与时间[M].陈嘉映,王庆节,译.北京:三联书店,1987:282.

在歌德深受传统和18世纪末所盛行感伤主义影响的诗歌中，既依稀可见心儿被不幸命运揪紧的人徒然反抗“无情的（生命）线”带来的束缚[①]，只有“残酷的剪刀”才能“一朝将它剪断”的传统时间意象[②]，也有人们都必须顺从永恒无情的伟大规律，以便完成“生存的连环”[③]的诗句，并发出一代又一代的人被永远地串在这条无尽生存链索上的感慨。

19世纪美国诗人惠特曼在《世界登上了花园》里，有这样的诗句——“世界又重新登上了花园，……在这里可以看到我沉睡后的复活，大幅度的轮转性循环又把我带到了这里”[④]。20世纪，美国以“垮掉的一代”文学之父自居的现代派诗人肯尼思·雷克思洛斯在《巨轮回转》中仍然相信，“一千年回转，没有变异”，只是“此情此景不会再现”[⑤]。同时期的美国黑山派重要的青年诗人罗伯特·克里利在《节奏》中也写道，“……每个人身上的心灵，都在再现，想到终结并非就是终结，时间总会归来”，“……假如我将在死亡中死去，……但又会出现另一个回归，哦不属于我，不属于我，然而它也会死去”[⑥]。将轮回说发展为宗教复活说主题的其他文学作品不胜枚举，俄国小说家列夫·托尔斯泰的《复活》、英国诗人艾略特的《荒原》、法

① 歌德.歌德诗集:下［M］.钱春绮,译.上海:上海译文出版社,1982:23.
② 歌德.歌德诗集:下［M］.钱春绮,译.上海:上海译文出版社,1982:56.
③ 歌德.歌德诗集:下［M］.钱春绮,译.上海:上海译文出版社,1982:59.
④ 惠特曼.草叶集［M］.赵萝蕤,译.上海:上海译文出版社,1991:153.
⑤ 赵毅衡.美国现代诗选［M］.北京:外国文学出版社,1985:508.
⑥ 赵毅衡.美国现代诗选［M］.北京:外国文学出版社,1985:476—477.

国罗曼·罗兰的《约翰·克利斯朵夫》等都是表现宗教复活精神的典范。

弥尔顿曾在《失乐园》中对时间进行定义。其中有“时间是永恒的，无始无终，但也用过去、现在、未来，用以测量万物连续不断的运动”[①]。这表明他意识到时间是由永恒的“神”操控的，渺小的人则无法左右“神”的时间，只能从时间的过去、现在与未来三个临界点认识万物永恒运动中的瞬间存在方式。但“神”的永恒在场无疑妨碍了人认识宇宙时间的三种矢量发展及其唯物辩证关系。

面对现代科学逐渐否定并排斥“神”的存在和统治，尤其是计算分秒的钟表等常用机械在约13世纪的问世，以及哥白尼日心说在16世纪的传播，人们被迫开始思考流行了两千多年的西方传统宇宙观。当诸神退出了长期由文学虚构的传统宇宙和月下世界的舞台中心，时间转而成为人人得以轻易掌控的工具，它原先古老狰狞的神秘面孔则不可避免地遭到彻底颠覆。无可惧怕的人于是一跃而为宇宙的主宰。曾经试图与“时间”对抗的人从此便狂妄地以自我为中心不断向时间发出挑战，甚至屡屡将自我与无所不能的神并列，导致文学创作频繁地从多个渠道冲破以往不可逾越的藩篱，揭开了人们认识时间的又一个时代转折点。时间由此成为人们认识自我和虚无混乱的工具，并承载起诗人体现多种现代与后现代概念的个性化表达。

---

① 弥尔顿.失乐园[M].朱维之,译.上海:上海译文出版社,1984:199.

在18世纪，英国小说家亨利·菲尔丁就曾经强烈地批判作家脱离实际，将妖魔鬼怪搬进文学作品的过度自由虚构行为，主张众神尽量少出场，强调小说模仿自然的美学观点。19世纪末德国哲学家尼采提出的“上帝已死”观点，既综合了人类社会早已存在对神的诸多不满与无奈的积蓄爆发，又真实反映了现代人面对日益丰富的物质生活却倍感精神迷茫失落和心灵无所归依另起一段。

受19世纪后半叶兴起的各种非理性哲学和心理分析学说，以及20世纪初爱因斯坦的“时间膨胀论”等观点影响的现代人似乎最终认识到，时间本质上不过是一种抽象的自然存在物。为此不难理解，此时的时间会越发一改神秘莫测的主宰面孔，被普遍解说为一种如同人类肉眼可视的日月星辰，电闪雷鸣等一样自然的“存在”，它是不依任何人的意志为转移的一种抽象存在物。这种观点即是在说，“只有现在存在，这之前和之后都不存在；但是具体的现在是过去的结果，并且孕育着将来”。所以，时间必定成为“否定之否定”①。

由于人率先否定的是神，将在一个思维意识更加开放进步的新时代崛起的也理所当然是长久遭受神压抑的人。这种意识激发众多的文学家纷纷以实际行动重叙人战胜时间的古老话题。只是人此时怀着更加自信骄傲的情怀，首先坚定不移地歌咏自我。美国第一位重要的本土浪漫主义诗人惠特曼在1865年创作

① 海德格尔.存在与时间[M].陈嘉映，王庆节，译.北京：三联书店，1987:506.

的《歌唱神圣的四方》中写道，“‘时间’不会影响我——我是时间”[①]，“我是那更加全能的上帝”[②]，可以给人们带来鼓舞、希望和无所不包的慈悲。在格雷戈里·柯索的《克里特岛的妄想狂》里，还有“我就是那个能调动一切的王！”[③]不仅如此，站在时间的对立面，文学家们还逐渐看到了时间的可爱与美好，并从厌恶回避时间的迫害，妄想延长幸福时光和转向拥抱时间。惠特曼在诗中写道，“我要说明无论谁的遭遇都可能得到美好的结果，/我要说明没有比死亡更美丽的事情，/我要用一根线穿过我的诗句，使时间和时间紧紧连接在一起，/并说明宇宙间的一切事物都是完美的奇迹……。”[④]

从畏惧地歌颂时间至“拥抱”时间，再到憎恶及渴望“杀死”时间，超越时间客体的主体幻想体现了西方认识时间存在的进步。这在19世纪末英国科幻传奇作家乔治·威尔斯的《时间机器》（*The Time Machine*）中暴露无遗。该书虚构了一个凭借魔幻般的机器穿梭于现在和未来的时间旅行者，并提出时间是空间的一种，人们过去对它的认识都是对四维存在的三维表现法等观点[⑤]。但主人公最终却痛心地发现变异退化了的未来人

---

① 惠特曼.草叶集[M].赵萝蕤,译.上海:上海译文出版社,1991:764.

② 惠特曼.草叶集[M].赵萝蕤,译.上海:上海译文出版社,1991:765.

③ 柯索.格雷戈里·柯索诗选[M].罗池,译.石家庄:河北教育出版社,2003:181.

④ 惠特曼.草叶集[M].赵萝蕤,译.上海:上海译文出版社,1991:50.

⑤ 威尔斯.时间机器[M].王瑞新,译.天津:天津社会科学院出版社,2006:5.

类正在走向衰败。在这个虚构的未来世界里，以产业工人为代表的底层劳动人民异化为冷酷嗜血的地下蛮族，而上层阶级则蜕变为一个身体软弱任人宰割，正在走向灭绝的可怜物种。小说讥讽地影射象征整个世界的未来“天堂社会”实质上是现在各种社会活动的可怕后果，而不断扩大的工业化进程终将把人类社会造就为一座充满消沉与衰亡的荒园。

进入20世纪，更多的作家从对传统的转向中看到时间能够不断地创造生成，文学的线性时间流可以被随意切断，多维的主体叙事及抒情空间则可使文本时间的横截面共时地展现多幅画卷，造成时间主体与周围世界的关系发生无限繁多的可能性联系。在这一充斥了众多令人眼花缭乱的现代及后现代派意象的时代，“时间”概念之说表现出个性化地众口纷纭的特征[①]。它最终的流向是混乱与虚无，而它所借用的一个重要通道是表现人们的意识。

在英国作家伍尔夫笔下，体现时间的意识流动成为文学创作的中心主题。她在著名论文《对于现代文学的印象》中指出，人们处在一个支离破碎、荒芜贫瘠、骚乱越轨、精疲力竭的时代。文学的组织结构与过去彻头彻尾地疏远了。人们过分鲜明地意识到，现在最好的文学作品有许多是在压力之下，用一种苍白的缩写体记录，并以惊人的辉煌技巧把人物经过银幕之时的动作和表情保存下来。但是在一阵闪光迅即消失之后，一些此类作品给人们留下的将是深深的不满。所以她幻想时间就像

① 海德格尔.存在与时间[M].陈嘉映，王庆节，译.北京：三联书店，1987:282.

一位优秀的教师，他会把现代的诗歌、剧本、传记、小说等拿在手中，指出它们的墨水污迹、乱笔涂鸦、擦抹删改之处，并把它们撕成两片，但又不把它们扔到废纸篓里去，而是保存下来，等待其他学生发现它们的用处[①]。

在伍尔夫看来，人在所处时代的境遇必然生成与之相符的文学作品。她看到了所处时代的精神涣散与危机。在这里，人人都能够以自我为中心，注重在现在留下个人的一片墨迹，其中不乏被她幻想的“时间”所撕破的败笔。在她看来，人是以时间的三维结构方式存在，并与艺术的编码具有内在一致性，而时间是不偏不倚的客观权威，容忍现在的各种行为，只等待在未知的明天做出裁判[②]。

以伍尔夫和乔伊斯等为代表的现代意识流小说家明确地标画出了作为客观存在而被感知的时间概念。意识流作品的现在发生时与人物的过去心理和现实行为，以及未来梦幻和畅想往往交织在一起，既演绎了传统时间绵延的间隔性与过渡性，又以叙事时间参照点和具体时间指示语的大量缺失造成人物与事件的空间定位模糊，使文本充分展现出现代时间的无序性、可逆性与共时性。客观的时间顺序打破或者混淆了小说的叙事流程，使其始终或前移或后退，以不断转换时空的连续体方式被

① 伍尔夫.论小说和小说家[M].瞿世镜，译.上海：上海，译文出版社，2000：286—290.

② 伍尔夫.论小说与小说家[M].瞿世镜，译.上海：上海译文出版社，2000：289.

直觉所意识。当各种意识的流动被有机地结合在一起，时间之流就成为叙事者最终直觉的整体。由于这个整体保持了作品内在意向性的统一，不可分割的体验之流在呈现时间“流”的表象基础上，就传输出了文学符号预存的象征内涵，使空间的概念和形式时间化①。伍尔夫在被人们频频引证的《海浪》第八章里写道，“时间的一滴坠落了”，实质上就是在意识流的形式基础之上，传输着“时间”这一文学符号的深刻象征内涵。

柏拉图曾在《理想国》中提出人是度量“万物的尺度”，而西方启蒙运动则倡导由人的意志取代上帝，以独立思考取代《圣经》，以自由的理想取代天国，为自然立法的人因此成为万物的尺度和知识的依据②。至20世纪中后期，后现代作家们似乎发现当表现现在的静谧美消失之后，时间由于至真混乱的存在而失去了现实的意义，致使每一个人都可以在拒绝盲信时间之后，成为它的随意定义者，并进而升格为其计量单位甚至“万物的尺度”③。颠覆时间的存在和走向混乱虚无便是这种转变的后果之一。

美国一战后兴起的传统学院派诗人，历史悠久的五音步无韵“素体诗”代表人物霍华德·奈美洛夫在《逃亡曲》中，颇为形象地谱写了现代人类犹如一群“乱糟糟的分子流”，坐着汽车在“无时间的现在”，“急冲冲地穿越世界”，其混乱的动态

---

① 海德格尔.存在与时间[M].陈嘉映，王庆节，译.北京：三联书店，1987:506.

② 刘象愚.外国文论简史[M].北京:北京大学出版社,2005:101.

③ 刘象愚.外国文论简史[M].北京:北京大学出版社,2005:101.

生活则充满“欲望和欲望的结束”等不安分现实生活乐章。这与荷兰女诗人瓦尔蒙特对时间的看法一致。在瓦尔蒙特眼里，“时间算不了什么/一个人更算不了什么/……唯一耐久的东西就是/混乱”①。

美国现代派反文化、反传统，“垮掉的一代”文学运动的领衔诗人艾伦·金斯伯格则进一步表达了走向虚无的现代人对时间的不屑一顾。他在《我的破晓歌》结尾中写道，“黎明，不过一个太阳/东方吐烟儿到我房间/我反正注定下地狱，管它/闹钟吵个不停”②。在著名的《嚎叫》中，金斯伯格也以“时间的岩石”发泄了现代人定格时间而不被时间威慑的超理性狂暴情感。其中，“他们梦想着，把形象并置在时间与空间中制造实/体的鸿沟，在二个形象间绊住灵魂的天使长，/带着全能的上帝大神的感觉跳起来，联结起/基本动词并把名词和意识的破折号合在一起，……”③，在诸多混乱之中增添了荒诞虚无的意味。

格雷戈里·柯索在《坐在我窗外的人》中写到，“在一个花园的冷冷的寂静里，时间/毫无意义，你只会发现/你正在看着四季白白地走过你身旁；/毫无意义，你只会发现/你的手指正把你的思想刻在石头上”④。美国当代最有成就的黑人女诗人格

---

① 马高明，柯雷.荷兰现代诗选[M].桂林：漓江出版社，1988：171.

② 赵毅衡.美国现代诗选[M].北京：外国文学出版社，1985：519.

③ 赵毅衡.美国现代诗选[M].北京：外国文学出版社，1985：515.

④ 柯索.格雷戈里·柯索诗选[M].罗池，译.石家庄：河北教育出版社，2003：45.

温朵琳·布鲁克斯在《廉价公寓》中写有，“我们属于枯燥的时刻，整日身不由己，/到处灰暗、我们也灰暗。‘梦’这字叫人头晕/不象‘房租’、‘养活老婆’、‘满足男人’那么清晰”①，以及“……为了优雅地拉提琴，必须首先把空间文明化，可能为时已晚”②。弗雷德里克·莫根则在《一日一祈祷，一日一首诗》里，写下“给予，撷取/生生，死死/这就是万物/前进的节奏/孤独的生命在平衡中运动/穿越万千形式，穿越时间”③。

旧秩序的颠倒所带来的混乱虚无被现代诗人以反映人与人之间沟通困难的诗歌表达出来。荷兰现代诗人诺特波姆虽然不属于任何流派，但他诗歌的主题却大多表现这一流派的创作主题。例如在《没人》中，诺特波姆写道，“虚无获得了外形。报纸融化，/照片消亡。石头是蜡，/文字是灰烬，时间拿起自己/重复外貌/直到它的生命变成镜子/在其中它出现又消失/但在其中没有人照自己/因为没有人能看见自己”④。走向虚无，“不关心美、尊严或时间”⑤的现代人随心所欲地对无形的时间做着各种思辨性比喻，仿佛任何人都可以自由地滚动对时间的认识，改变时间的变奏曲，甚至拥有穿越时间所代表一切的魔力。这一点在美国当代诗人阿德莉安·里奇的诗歌里也呈现出来。在戏仿英国著名玄学派诗人

① 赵毅衡.美国现代诗选[M].北京:外国文学出版社,1985:776.
② 赵毅衡.美国现代诗选[M].北京:外国文学出版社,1985:778.
③ 赵毅衡.美国现代诗选[M].北京:外国文学出版社,1985:751.
④ 马高明,柯雷.荷兰现代诗选[M].桂林:漓江出版社,1988:101.
⑤ 马高明,柯雷.荷兰现代诗选[M].桂林:漓江出版社,1988:13.

邓恩的诗歌而创作的《临别莫伤悲》里，里奇写到，“当我想到风景，我是在想时间。当我谈到外出，我指的是永别”[①]。

诗人们对时间的反映甚至影响了小说创作。在《我遗失了时间》（*Switching Time*）中，美国当代小说家理查德·贝尔就以身患多重人格心理疾病主人公的卡伦试图摆脱病痛折磨的故事，对现代人在时间面前表现的通病进行了剖析。在诗人和小说家笔下，现代人仿佛中了奇特的魔咒而被无端地卷入了难以自控的时间漩涡。他们在紧凑繁忙、混乱无序的日常生活里扮演各自的多重人生角色，心灵频繁地濒临崩溃的边缘，不断地遗失时间与记忆，但又始终艰难地设法找回莫名其妙地遗失了的时间。在这类作品中，时间成为不断创造生成的动力源头。人物故事的线性时间流经常被切断，多维的主体叙事及抒情空间使文本时间的横截面得以共时地展现多幅画卷，最终造成时间主体与周围世界的关系发生无限繁多的可能性。它们体现了文学家在挖掘时间即生命意义的同时，对海德格尔等哲学家所阐释的人作为存在主体本真的存在和非本真的存在，即非自身存在的认知，展开了思索。

当代美国诗人黛妮思·莱维托芙在《生活》一诗里，有“每个夏季都是最后一个夏季”“每个白天都是最后一天”“每分钟都是最后一分钟”等诗句[②]。荷兰女诗人瓦尔蒙特后来的诗歌也趋于悲观和怀疑，更多地描写存在主义的恐惧、孤独，以

① 赵毅衡.美国现代诗选[M].北京:外国文学出版社,1985:766.

② 赵毅衡.美国现代诗选[M].北京:外国文学出版社,1985:490—491.

及人与人之间的疏远。时间也成为她笔下重要的创作素材，她常在诗中让时间停止，以便获得对生命的某一种更清晰的悟性。在《您好吗?》中，她写道，“时间算不了什么/一个人更算不了什么/……唯一耐久的东西就是/混乱”。这些诗句恰好也反映诗人的姓氏是两个词汇的拼合，因为“瓦尔”意指混乱，“蒙特”是嘴巴[①]。荷兰诗人温肯努赫是20世纪70年代以来，荷兰诗歌所谓“介入世界”倾向的代表人物之一[②]。他在《诗歌》里写有“诗歌写自己/它穿过时间超航空记录飞行”[③]。在瓦萨利斯的《火》中，时间则成了“大海”[④]。

世界著名的未来学家和美国著名学者及管理大师约翰·奈斯比特有过这样的名言：在农业社会阶段，人们在时间观念上习惯地面向过去看，工业社会的时间倾向是注意现在，而在信息社会里，人们的时间倾向是将来。或许，我们还可以补充说，后现代社会的时间倾向是混乱与虚无。

反观时间概念的文化历史变迁不难发现，具有传统背景的经典概念“时间”伴随着欧洲人类早期至中世纪、文艺复兴时期直至20世纪的思维习惯。时间概念在西方文学作品当中被广泛地运用，首先反映出受传统理念影响的人类在自然科学和人文科学，尤其是早期天文学、神学和先验哲学等领域对宇宙理

---

① 马高明,柯雷.荷兰现代诗选[M].桂林:漓江出版社,1988:171.

② 马高明,柯雷.荷兰现代诗选[M].桂林:漓江出版社,1988:91.

③ 马高明,柯雷.荷兰现代诗选[M].桂林:漓江出版社,1988:92.

④ 马高明,柯雷.荷兰现代诗选[M].桂林:漓江出版社,1988:22.

念认识的进展。其中变化一方面表明人们能够主观地认识到时间独立于人的意志而存在，从而惯于抒情地将无形而又无情飞逝的抽象时间魔鬼化。另一方面，人们将时间与春夏秋冬和月盈月缺、日出日落、黑夜与白昼的自然交替联系在一起，又说明人能够理性地看到时间的规律性，并逐步将它升格为人格化的神。其目的似乎是在验证克罗齐的“抒情是语言真正和基本的根源”的观点，以及柏拉图所提出“一个人若没有神灵凭附就不可能成为艺术家”[①]的论断。

其次，以传统镜像描绘和表述的时间实质上是西方在从神学进入科学领域的文明进化阶段，用有关“神”的童话来填补自身对朴素自然现象无知的空白，从而导致了一种既充满对生命与青春美丽的赞美与喜悦，又对时常伴随而来的生命衰老和无常死亡悲伤、怀疑与恐惧等情感做出虚幻表达和现象的结果。古往今来的诗人们采用这种富含幻想性比喻的艺术创作手段，感性地推测时间及其带给生命降生、成长、衰败、毁灭乃至循环复生的复杂发展过程，反映了人类在虚幻想象过程中的规律性和同一性。由此所反映出的文学传统几乎无一例外地严守亚里士多德提倡的“三一律”，甚至完全依赖于纯粹纵向的时间流程进行叙事抒情。这样的时间存在于过去、现在和未来三个维度当中，过去不可重来，它与未来通过现在相连。在如此的单维度叙事或者抒情时空里，文学的时间概念蕴含的是一种单向

① 刘象愚.外国文论简史[M].北京:北京大学出版社,2005:170.

度多层次空间化的有序变幻，其线性模式背后呈现的总是表现时间变迁的有关时间主体的因果关系。

如果说，有关古老时间意象的文学创作是诗人个体心灵的表现，发生在西方文明的初期，其中语言的诗和隐喻特征压倒了其逻辑和推理特征，那么繁杂的现代时间概念体现的则是作家们对四处泛滥的孤独漂泊、纷乱异化、困惑迷茫等主题集体消极地移情和思辨。现代生活里的每一样存在物质几乎都被列入了陌生荒诞的他者行列，现代人的文化精神继而成为自我与他者既相互合作而又时常彼此割裂的移情对象，作家则被转化为湮没在试图保持自我和个体行为完整性甚至完美性的非现实移情者。这种典型的非个人化倾向导致大量作家故意颠覆传统的时间意象，挑战它的毁灭力量。正如利维斯从艾略特的《荒原》里看到了后者在《传统与个人才能》中所阐释的“非个人化理论”一般，现代许多文学作品虽然与《荒原》在句法和上下文等方面缺少关联，其文本则似“一堆破碎的影像”排斥“统一的隐喻体系”，并具有以彼此似乎毫无关系而且相互割裂的声音和场景等特征，然而它们却令人震惊而又一致地表达了现代人对待转向了混乱与虚无的时间的态度。难怪理查兹于1924年在他的《文学批评原则》里指出，艺术家在“不断地向着非个人化奋斗”，这不但使现代叙事风格得以衍生[①]，而且愈来愈偏离了传统的轴心。

① 刘意青，罗芃．当代欧洲文学纵横谈[M]．北京：民族出版社，2003:115—117.

表现在现代科幻小说里的时间不但有人们已熟知的可以跳过现在，直接从过去到未来的正序前进方向，而且令人惊叹地出现了此在的人造访自己或者他人过去的反序倒退方向，使过去成为一个能够重新来过的现在，而原本单向一维的时间也随之明显呈现出双向多维取向。这种认知实质上延续了西方长期以来对时间的奇特幻想，是一种对传统余迹和预存的释放，反映出人们试图将时间按照个人意愿无限地前推后移的古老愿望。因为如果“一座房子的表象是某种具有持续性并被改动了的时间存在”[①]，那么在“非个人化”的背景下，现代和后现代作家惯常采用的参差对照手法，以及回环开放式的文本构架等，就往往使古老的时间概念在现代文学作品里的凝成与重构吸收了大量常规逻辑不可能产生的逻辑和意象，并以能动辩证的姿态成为现代世界的存在符号。

从西方对时间的意义和意谓产生浓厚探索兴趣的时刻起，主要基于主观想象的时间构成就充满人类对诸神和神学的敬畏，对天象和自然的观测与归纳，以及古典哲学对它们相对理智的推测，直至现代科学从物理学、心理学、现象学等各个角度持续对宇宙存在的形式和特征的诸多解说与思辨，乃至文学作品对所有前者的再现。这个嬗变过程印证了海德格尔提出的“时间是存在，这存在籍其存在而不存在，籍其不存在而存在，亦

① 胡塞尔.内在时间意识想象学[M].杨富斌，译.北京：华夏出版社，1999:78.

即被直观着的变异”[①]之说，并体现了时间客体被赋予超越其本质的多种人类知觉意识与记忆意识。

以传统意象描绘和表述的时间概念显然是西方在从神学领域进入科学领域的文明进化阶段，用有关超自然的神话来填补自身对朴素自然现象无知的空白，从而导致了一种既充满对生命与青春美丽的赞美与喜悦，又对伴随随生命衰老而来的无常死亡悲伤、怀疑与恐惧的最直接矛盾情感所做出表达的结果。而繁杂的现代时间概念体现的则是作家们对四处泛滥的孤独漂泊、纷乱异化、困惑迷茫等人类生存主题集体消极地移情与思辨。

而在文学的世界里，一切主观的奇妙想象与创作则真实地浮现了这条漫长的嬗变轨迹，使文学时间的呈现、再现与复现在客观地体现它的连续性、间隔性和过渡性等特征同时，常常清晰地表现出相关学科在不同时期发展变化的最新动态，使得西方社会复杂的物质和精神生活的各个方面由此得以被管窥。

当代美国学者查尔斯·毛尔斯华斯在他的一篇题为“文化，权力与社会”[②]的论文中指出，

> 随着那些直言不讳的著名作家，如女权主义、黑人、同性恋、移民，以及“少数族裔”作家的出现，美国文学接二

① 海德格尔.存在与时间[M].陈嘉映，王庆节，译.北京：三联书店，1987:505.

② 出自 Emory Elliott 主编的 Columbia Literary History of the United States，第1023—1044页，中文为笔者自译。

> 连三地重新唤起了大熔炉、社会地位升高，以及有关自由和受到启蒙的共和国体制等各种神话。这些被重新唤起的神话，当然往往与违背或者延缓这些神话，抑或某个被指控对其展开攻击，甚至不满地进行的暴力表达交织在一起。但后来人们可以发现，这些神话才是美国文学的真正守护神。①

由毛尔斯华斯所专注文学表达的政治内涵和文化源泉，尤其是大量丰富的“超验主义理想”，以及发掘建立在“古希腊经典理念”之上的各种神话等观点，可以推断出，西方的文化传统根深蒂固，不时地浮现在文人甚至政治家笔下，似乎永远不会消失殆尽。其中传递着西方古老久远的文明历经时代变迁而嬗变的思想文明等重要信息，并使后来者与前人的政治与文化表达总是一脉相承。

在《人可以诗意地安居——海德格尔语要》中，海德格尔曾有极其启迪人们智慧的话语。其中有：

> 也许有这样一种思，它超越了理性和非理性的区别，比科学技术更清明；它不计事功，但具有自己的必要性。当我们问及这种思的任务时，那么不仅这种思本身，而且关于这种思的追问，首先就是成问题的。从整部哲学史的传统来看，

① Emory Elliott. Columbia Literary History of the United States [M]. New York: Columbia University Press, 1988: 1027.

这就意味着：我们还亟须在思中接受教育……。[①]

思正以它单纯的说，在语言中犁出不显眼的沟。这些沟比农夫迈着缓慢的步子在土地中犁出的那些沟还要不显眼。[②]

以宇宙哲学的视角探讨第二次世界大战后的美国诗歌或许就是这样一种“思”，只是历经漫长的岁月变迁，这些诗歌语言所涉及的“沟”却变得极不显眼，甚至发生了嬗变。

迄今为止，20世纪人类高科技的高速发展和新成果的不断涌现，诸如飞机、汽车、计算机、人造卫星和各种航空器，甚至原子弹、航空母舰和各类高端武器等，均没有实质性地威胁到宇宙哲学源远流长的连贯性。它虽历经人类的宇宙认知由神性向人性的多种转向与嬗变，但却从未解体或消失。胡家峦老师曾明确指出，在现代英国诗歌中，细心的读者仍可不时地发现传统宇宙论的影子：布莱克的名句，“从一粒沙子看世界，从一朵小花看天堂”，是关于“部分和整体”关系的最好注脚；华兹华斯的多首诗歌则明显地暗示了人（小宇宙）和大自然（大宇宙）的关系；雪莱的《致云雀》等则将四种元素运用于其诗歌当中。艾略特为《四个四重奏》建立的四个四重奏诗歌框架实质上是一年四季的夏秋冬春，

① 海德格尔.存在与时间[M].陈嘉映，王庆节，译.北京：三联书店，1987：23—24.

② 海德格尔.存在与时间[M].陈嘉映，王庆节，译.北京：三联书店，1987：29.

暗示气、土、水、火四种元素，二者之间不仅彼此对应，而且又连接与此二者对应的四个地区[①]。由于四是一个宇宙的数，可以代表扩展的宇宙，所以该数字除了艾略特诗中所提的一年四季与四种元素及四个地区外，还可以指东西南北四大风/方向，以及幼年、青春、壮年和老年等四个人生阶段。这些宝贵的宇宙论知识无疑为解读艾略特的诗歌提供了想象空间和思维深度。为此，胡老师充满睿智地预言，“传统宇宙论在某种程度上仍然是现今某些诗人汲取营养的源泉，它本身也可能是个常谈常新的主题”[②]。

通过勾勒时间这一底蕴丰厚的欧洲宇宙哲学概念的历史演变和形式传承，可以发现美国诗歌中也存在大量实例，是一个等待我们前去挖掘的富矿。这些诗歌一方面揭示西方诗学中的人在模仿与创造过程中，对宇宙和世界的认知仍然与传统宇宙图景具有密切联系，并为我们了解复杂的西方人文思想及其根源提供了重要平台。另一方面，这些内含隐晦现代宇宙观的宝贵文艺积淀有助于我们解读和常常评价与作品隐喻实旨密切关联的信息，打破二战以来对美国诗歌的认识常常以诗人派系、诗体及诗学研究等为主的形式束缚，并为诗歌的内容研究松绑打下坚实的基础。

以时间在二战以来的诗歌表现为例，梳理与反思西方文学

① 胡家峦.历史的星空——文艺复兴时期英国诗歌与西方传统宇宙论[M].北京:北京大学出版社,2001:297.

② 胡家峦.历史的星空——文艺复兴时期英国诗歌与西方传统宇宙论[M].北京:北京大学出版社,2001:298.

中所呈现时间概念的经典过去与现在形态，显然可以从一个侧面展现以美国为代表的西方社会在二战之后复杂的物质和精神生活。这样的诗歌还有许多，其中有：阿什贝利在《伟大的奔驰》中描写的时间，“如何将分钟变成小说，小说/变成了天，天变成了月，那些容易把握的实体，/月变成季度，以及其它更远的，对于我们的时间概念/陌生的东西。月优于——/它们几乎是人——这些抽像（象）/……”[①]。经常思考时间意义的沃伦在《美国肖像：老式风格》中，仍然想着“……不知道/时间之鄂的牙齿是如何钩扯回某些事的……”[②]。在《启示》中，沃伦曾写下“尽管时间正在穿过什么潮流和牙齿”[③]等诗句。超现实主义诗人拉曼蒂在《紫罗兰色的星》中，写有“一串人头项链/齿擦音在‘技术’的岩石上裂开/汽车把黑曜岩男人叠进陈腐的沼泽地/敞开的锈的杏仁发出正午刺眼的强光/堤防数字的牙齿/……在时间中没有时间和区域性的界限”[④]。扎瓦茨基在《秃顶》里的诗句，“在大群的纳西索斯中/在我们时代的镜中我们长长的卷发/弄出的涟漪，和总统的面孔之上昏厥的我！一直

---

① 阿什贝利.约翰·阿什贝利诗选[M].马永波，译.石家庄：河北教育出版社，2003：342.

② 沃伦.沃伦诗选[M].周伟驰，译.石家庄：河北教育出版社，2002：85.

③ 沃伦.沃伦诗选[M].周伟驰，译.石家庄：河北教育出版社，2002：232.

④ 考德拉斯库.1970年后的美国诗歌[M].马永波，译.北京：北京师范大学出版社，2000：47—48.

知道死亡是一把剪刀的我！”[①]既描写了诗人的理发师在日常理发时使用的剪刀，也将此诗中的“剪刀”比喻为如同传统宇宙哲学里的镰刀，具有切割生命的寓意。这正如诗人在该诗结尾中顿悟时间意义时明确提出的传统时间意象，“我激动地认识到那冷酷的/收割者的大镰刀只不过是/一只便宜的塑料梳子/你能在任何杂货店买到，/即使梳齿已经散了”[②]。

其他类似诗句还有许多，暂不一一列举。

---

① 考德拉斯库.1970年后的美国诗歌[M].马永波，译.北京：北京师范大学出版社，2000：453.

② 考德拉斯库.1970年后的美国诗歌[M].马永波，译.北京：北京师范大学出版社，2000：454.

欧美作家形构的“中国制造”形象

我国首位航天员杨利伟在顺利从太空返回之后，实事求是地根据他于2003年10月15日至16日的太空经历，撰写了《天地九重》（2010）一书。其中否定了一位美国宇航员在20世纪70年代说过的话，“中国万里长城是能够用肉眼看到的地球上唯一的人工建筑”。该书中还有“在太空，实际上看不到任何单体的人工建筑”，“即使是巨大的城市，也只能在夜晚看到淡淡的红色”[①]等表述。这虽然让曾经因为一位美国宇航员声称在太空中看到中国长城而欢欣鼓舞的国人大失所望，但美国宇航员在浩瀚的太空中幻想到极为渺小的长城这一事实本身却说明，“中国制造”在西方人士心目中占据一定空间。

欧美作家笔下更不乏对“中国制造”的虚构想象和纪实描写。其实质均表现为对中华民族国家意识的生产。“中国制造”形象的变迁历程密切关联欧美社会对中国文化的复杂心态。深

① 杨利伟.天地九重[M].北京:解放军出版社,2010:229.

受西方仰慕效仿的古代“中国制造”在近代倍遭嘲讽，及其在当下的戏剧性反转，尤为反映欧美对我国政治、经济、文化和军事等领域所持有的东方主义异化逻辑。深思其中历史叙事的边界和越界现象，将有助于推动我国社会主义理想信念的常态化教育，并对增强当下国人的历史自觉和文化及道路自信大有裨益。

一、广受仰慕效仿的古代“中国制造”

作为世界四大文明古国当中唯一延续自身文化和历史的国家，我国因占据多种自然与人文优势而发明创造众多，万里长城只是沧海一粟。欧美作家笔下一直有对“中国制造”的虚构想象和纪实描写。其中以史学和文学著作居多。根据18世纪英国历史学家吉本的考察，当开化进步的中国已在农业和手工领域掌握多种技艺，开始享用舒适华丽的丝绸等奢侈品时，古罗马所统治的西方却仍然粗鲁好战且野蛮无礼[①]。公元前1世纪的古罗马诗人维吉尔是率先提出被称作“柔软羊毛”的蚕丝来自“中国树”的西方作家[②]。从那时起，丝绸就成为中国和“中国制造”的代名词。

① 吉本.罗马帝国衰亡史:上册[M].黄宜思,黄雨石,译.北京:商务印书馆,1997:52—53.

② 吉本.罗马帝国衰亡史:下册[M].黄宜思,黄雨石,译.北京:商务印书馆,1997:196.

在17世纪，提出“知识就是力量”的英国哲学家和散文家培根虽然也注意到蚕丝和丝绸贸易，并指出印刷术、火药和由磁石制造的指南针对西方学术、战事和航海产生了重大影响，但他却对这些发明的来源隐约其词[①]。而吉本则明确指出，倘若古罗马上层阶级稍微扩展一下被丝绸等物质欲望迷惑的视野，同时引进中国在战国时期发明的印刷术，那么古希腊新喜剧作家和诗人米南德的喜剧，以及古罗马历史学家李维撰写的史料可能都将留存下来[②]。

阿拉伯商人写于9世纪的《苏莱曼东游记》记载了中国唐代丝绸、米酒、犀牛角装饰品、铜币、度量时间的日晷和被用来与苜蓿相比的茶叶等[③]。14世纪的鲁思梯谦则撰写了著名意大利旅行家和商人马可·波罗的游记。其中通过视中国为天朝上国的主人公之口，记录了大量元代宫殿建筑、交通设施及人们的日常生活用品，甚至还有纸币等[④]。西班牙人门多萨在16世纪末创作的《中华大帝国史》被誉为西方第一部全面介绍中

① 培根的原话为“知识和力量同一”，以及印刷、火药和磁石三者起源“暧昧不彰”。见培根.新工具[M].许宝骙，译.北京：商务印书馆，1986:8.

② 吉本.罗马帝国衰亡史：上册[M].黄宜思，黄雨石，译.北京：商务印书馆，1997:197—202.吉本还发现一磅奇异的中国丝绸曾经在古罗马昂贵到能够买12盎司黄金，以及古罗马皇帝将用丝绸制成的袍子当作国礼送给阿米尼亚统治者等。

③ 苏莱曼.苏莱曼东游记[M].刘半农，刘小蕙，译.北京：华文出版社，2015:24—37.

④ Marco Polo. The Travels of Marco Polo [M]. Beijing: Press of Foreign Language Teaching and Research, 1998: 101—103.

国历史文化等概况的著作。书中所描写中国长城、文字、火炮和巨大船舶等先进技术，极大震动了欧洲，并在短短十几年间就被译为拉丁文与意、英、法、德等重要欧洲文字。

有关“中国制造”的典型还有英国剧作家莎士比亚在喜剧《一报还一报》中，借小丑庞贝向众人夸耀自家价格不菲的果盘虽不能与“中国盘子”相提并论，但也不差[①]，揭示在相当长的一段时间内，中国瓷器虽然精致美观，却因价格昂贵而远非普通英国家庭所能承受。英国剧作家琼生在假面剧《新大陆新闻》中，提到随风转的“中国手推车”，颇似后来诗人弥尔顿在《失乐园》里记载的中国加帆车，一种“轻便竹车，靠帆和风力前进”[②]。意大利传教士和学者利玛窦则向欧洲介绍了中国木构建筑、雕刻、乐器和制扇业等。他赞叹中国的“大部分机械工艺都很发达”[③]，哲学、天文学和数学也成果卓著，为人们了解明代“中国制造”乃至人文与自然科学提供了大量素材。

在17至18世纪，盛行多年的巴洛克风格转向深受“中国趣味”影响的洛可可风格[④]，是欧洲接受“中国制造”达到一个历

① William Shakespeare. Measure for Measure [M]. Oxford, New York: Oxford University Press, 1991:114.

② 杨周翰.弥尔顿《失乐园》中的加帆车——十七世纪英国作家与知识的涉猎[J].国外文学,1981(4):62.

③ 利玛窦,金尼阁.利玛窦中国札记[M].何高济,王遵仲,李申,等译.北京:中华书局,2010:19.

④ 张国刚.文明的对话:中西关系史论[M].北京:北京师范大学出版社,2013:148.

史高峰的标志。英国湖畔诗人柯勒律治的诗歌《忽必烈汗》充分表达了当时欧洲人对中国制造的赞颂和憧憬。该诗惊叹元大都的堂皇宫殿带给人们极大的精神享受。其中有：

富饶土地上十英里的地方
高墙和塔楼四面环绕；
花园里蜿蜒的小溪潺潺流过，
花枝绽放，满树飘香，
森林和山丘一样古老，
拥抱着阳光明媚的草地。[①]

萨义德和威廉姆斯曾提出，英国文学并非仅局限于英国，它与世界其它地区及国别的文学创作一样，不可能仅涉及本国，更无法与历史政治和社会现实分开。大航海时代的英国文学则以作家"支撑、表现和巩固英帝国实践"[②]的方式，参与了欧洲的海外扩张。英国小说之父笛福就是积极迎合和传播英帝国海外殖民思想的一个典型。在其《鲁滨逊（孙）漂流续记》（1720）中，第一人称叙事者虽然夸张地说出"北京是世界上最了不起的城市"，伦敦和巴黎"加一起也比不上"，来肯定中国

① 黑尼斯三世，萨奈罗.鸦片战争：一个帝国的沉迷和另一个帝国的堕落[M].周辉荣，译.北京：生活·读书·新知三联书店，2005：3.

② 萨义德.文化与帝国主义[M].李琨，译.北京：生活·读书·新知三联书店，2003：16—17.

在丝绸工艺和建筑等领域不容争辩的事实。但随后却又以矛盾而又尖酸刻薄话语抨击“中国制造”。

笛福为后世作家树立了一个颠倒黑白的罕见恶劣典型。因为他不会知道在1795年，出使中国的美国使团副使范百澜仍会惊叹于中国制造技术的高超，并将诞生于东汉时期的中国水车引进美国[①]。孤陋寡闻而又专横的笛福更不会预见到，当代法国哲学家德勒兹和加塔利会在其颇具影响的哲学著作《千高原》中强调，“秦汉时期的中国是后来流行世界的马刀发明者”[②]。

梳理“中国制造”深远广泛的海外影响可以发现，在秦汉时期至近代的两千多年间，西方作家对我国开化先进农业社会的发明创造基本持褒扬赞誉态度。但随着欧洲大航海运动的深入和工业革命的快速发展，笛福等西方作家笔下的“中国制造”形象开始产生变化。

二、记录半殖民半封建地灾难历史的近代“中国制造”

在我国文明进程遭受重大屈辱和挫折的近代历史时期，由于西欧各国因工业化而迅速改变其时尚潮流和欣赏趣味，导致仍固守于封建手工作坊的“中国制造”不再被奉为圭臬。敏锐

① 海达德.中国传奇:美国人眼里的中国[M].何道宽,译.广州:花城出版社,2015:30.

② 德勒兹,加塔利.资本主义与精神分裂:千高原[M].姜宇辉,译.上海:上海书店出版社,2010:584.

的西方作家显然捕捉到这种时代骤变并开始做出反应。此时虽然也有像18世纪的莱布尼茨、伏尔泰、狄德罗等哲学家和思想家一样推崇中国文化的作家，甚至还有如同被称为“魏玛孔夫子”的歌德一般同情中国境遇和强烈批判西方侵略的作家，但“中国制造”遭受冷嘲热讽的态势却一直延续至中华人民共和国成立后的社会主义建设初级阶段。

实质上，这大多因为其根深蒂固的西方“特殊论”“优越论”等白人至上种族主义与殖民思想在作祟。在欧洲海外殖民及工业革命初步成就了一些人发家致富和积累资本的梦想之后，将非西方民族和国家降格为他者，甚至“亚人类”①，则蔓延为一种喧嚣尘上的恶劣惯习。随着西方从资本主义过渡到帝国主义，一些身份地位卑微甚至急需获取中国人资助，来摆脱困境的西方人也开始在“中国制造”面前端起了高高在上的超人架子。

在19世纪末被公认为首部“吸血鬼小说”②的《德拉库拉》中，爱尔兰作家斯托克嘲讽了与故事情节毫无关联的中国现代机械制造的短板之一——火车。叙事者如此突兀地将远隔千山万水的罗马尼亚和故事情节之外的中国相连，既借助叙事者伦敦律师的身份，炫耀表达了英国人自感优越高贵的心情，同时

---

① 布拉伊多蒂.后人类[M].宋根成，译.郑州：河南大学出版社，2015：40—52.

② Ermida Isabel. Dracula and the Gothic in Literature, Pop Culture and the Arts[M]. Leiden, Brill Rodopi, 2016:5.

又嘲讽他即将前往的罗马尼亚极其愚昧落后，而遥远未知的中国则更加不堪想象。这一文本插叙不禁让人想起许多受过教育的奥地利人曾长期认为，“亚洲始于奥地利的东行公路之处”①，说明走上物质文明和权力巅峰的西方人不仅早已形成对包括中国在内的工业欠发达国家的固执偏见，而且他们宁可固守狭隘浅薄的种族主义，歪曲甚至拒绝科学常识，也不愿以包容胸襟接受社会现实。

进入20世纪上半叶，英国作家罗默在他的13部系列推理小说中，虚构了一个梳着长辫子的清朝中国主人公傅满洲博士。该人物虽然极度聪明且擅长推理和发明创造，但却是众多白人眼中阴险狠毒的反面人物和“疯狂的科学家”。在《阴险的傅满洲博士》里，通晓古今中外文理学识的傅满洲被极其夸张地描述为一个特立独行的怪才。他精通几乎每一门文明开化社会的语言和大多数蛮荒之地的土语，“三个绝世天才加到一块也顶不上他一个厉害”。但与此同时，神出鬼没的傅满洲又会制造神秘的剧毒浓缩香料和训练蜈蚣等，是“黄祸的化身”②。

罗默的系列小说极力反讽夸大傅满洲的语言天赋和怪异知识储备，既属于萨义德所谓西方东方学学者喜欢不断重申对包

① 霍布斯鲍姆.帝国的年代1875—1914[M].贾士蘅，译.北京：中信出版集团股份有限公司，2017：20.

② 罗默.阴险的傅满洲博士[M].荣泽昕，译.https://read.douban.com/reader/ebool/128941895.

括中国在内非欧洲刻板形象的“陈词滥调”[①]，也反映出“种族主义是一种权力意志”，惯于“通过制造事实来论证自己”等推论[②]。因为在傅满洲的故事里，白人叙事者对主人公超能破坏事实和结果的夸张虚构随处可见，但清晰明了的过程叙事却极少。其实质如同当年六名中国人侥幸地从即将沉没的泰坦尼克号上逃生之后，却招致众多欧美人士的丑化猜疑和贬低痛骂一样，是将人物的“种族卑劣性”话语建构在其“卑劣行径”之前的一个典型，体现了带着种族偏见的“深深植根于英美盎格鲁-撒克逊父权制社会的一种现代焦虑”[③]。

法国女作家杜拉斯的创作同样充斥着偏见和歧视。她的代表作《情人》曾获1984年龚古尔文学奖，讲述了一个生活在20世纪20年代末法属越南殖民地的15岁贫穷法国少女及其中国情人的故事。该人物与家人早已连饭都吃不饱，面临要靠她出门做童妓来赚钱糊口的潦倒境况，但却仍然自恃白人而在大肆挥霍其黄皮肤中国情人钱财的同时，放荡而狂妄地贬低嘲讽其出身。而家境殷实且彬彬有礼的27岁中国情人屡次在靠卖身养家的法国少女及其家人面前丧失自信，则从一个侧面反映了近代以后部分中国人所特有的卑微地位。

① 萨义德.文化与帝国主义[M].李琨,译.北京:生活·读书·新知三联书店,2003:1.

② 程巍.泰坦尼克号上的“中国佬”:种族主义想象力[M].桂林:漓江出版社,2013:3.

③ 程巍.泰坦尼克号上的“中国佬”:种族主义想象力[M].桂林:漓江出版社,2013:4.

在《战地行纪》（1939）里，英国作家奥登和衣修伍德也多次提到曾为英国经济膨胀做出巨大贡献的鸦片。这两位作家于1938年初日本开始全面侵华之后来到中国，并以“我”为叙事者，记录了他们在抗日战争中的旅行见闻。但“我”在乘船从伦敦前往香港途中所写的27首14行诗，却首先以“我们的文明，/如此风平浪静地/在大海的贫瘠荒原上前行/腐溃东方的某处/有战争……”等诗句[①]，傲慢地想象了当时的中国。同期与此有关的大量文本也缺乏同情或正义之声。

但同样是反映该时期的“中国制造”，美国记者斯诺却在又名《西行漫记》的《红星照耀中国》里表现出截然不同的创作立场，并成为中华人民共和国成立之前对此持明确褒扬态度的少数作家之一。斯诺在1936年夏秋两季前往陕北。在抵达目的地之前，斯诺也与奥登等人一样担心沾染伤寒或斑疹等细菌，并描写了前往西安的慢车“破败不堪”。他还细心地注意到当地人对他的牛皮鞋、照相机、服装和拉链等工业化产品羡慕不已，甚至称这里的农业劳动让人联想到奴隶制时代的“亚细亚生产方式”[②]等。

然而，斯诺在抵达陕北之后却转变了观念。因为他发现这里不仅没有普遍流行于国民党政府官员和军队中的鸦片与烟枪，而且共产党带领农民开展的减租减息运动及农业互助政策深得

① 奥登，衣修伍德．战地行纪［M］．马鸣谦，译．上海：上海译文出版社，2012：7.

② 斯诺．红星照耀中国［M］．董乐山，译．北京：人民文学出版社，2016：82.

人心，包括毛泽东在内的所有红军指战员每周还自觉抽出一天时间参加开荒耕田等劳动生产。为此斯诺指出，“红军本身就是工业化对中国影响的显著产物”[①]，他们虽然缺乏“社会主义工业的物质”，但却有“社会主义工业的精神”[②]，极大肯定了中国共产党及其领导下的人民军队和政府组织。

斯诺后来被誉为“第一个报春的燕子”[③]，显然是因为他的陕北见闻开启了让世界了解真实的中国共产党及其红色军队与民众关系的帷幕。其字里行间对窑洞、土炕和简陋桌椅等“中国制造”的描写虽然表现出陕北赤贫落后的现实风貌，但却又充满对中国共产党人自强不息、英勇正义和充满人性的大力铺陈，极大改变了有关“中国制造”的性质。随处可见的此类信息使斯诺的新闻报道产生出内容新颖别致与风格独特的艺术效果，从而有力地衬托出中国共产党领导的红军即便没有大工业基地，缺乏大炮和飞机，同时物质生活条件也极其艰苦，但他们信念坚定，士气高昂，最终必将迎来光明的未来。

在《紫禁城的黄昏》（1934）里，英国作家庄士敦也表达了对中国近代社会骤变的同情。该书在记录戊戌变法、辛亥革命和伪满变局等近代中国重大事件的同时，附带描写了美如仙境的颐和园和紫禁城的层楼殿宇等，甚至还提到在2013年被列为世界非物质文化遗产的中国算盘。但受当时国际和中国国内局

① 斯诺.红星照耀中国[M].董乐山，译.北京：人民文学出版社，2016：218.
② 斯诺.红星照耀中国[M].董乐山，译.北京：人民文学出版社，2016：260.
③ 斯诺.红星照耀中国[M].董乐山，译.北京：人民文学出版社，2016：4.

势的影响，一生仰慕中国文化的庄士敦忽略发明于东汉末年的算盘具有灵便快捷和运算能力超强等特点，却强调它“不能用来验算以找出差错”，以及“运算的每一步都会消失”[①]。庄士敦关注算盘不能留下运算痕迹的缺陷，恰如其书中提到印度文豪泰戈尔曾于1924年访华时呼吁，“中国青年要珍惜本民族高贵美好的文化遗产”[②]，并实质上和泰戈尔一样，表达了其内心深处对中华灿烂文化前景的忧虑，以及对清王朝覆亡和溥仪本人被赶出皇宫后流离失所惨状的唏嘘，感叹此时的中国已找不到其辉煌历史的印迹。为此，该书扉页上写有中国人民在“历经黄昏和漫漫黑夜之后，将迎来一个崭新而更加美好时代的黎明”，似乎发出了对中国未来的美好期待与祝愿。

美国作家赛珍珠荣获1938年诺贝尔文学奖，其代表作《大地》（1931）被认为保留了“一个完整的中国宗法制农民‘民俗生态学’原型”，以及“丰富的中国几千年社会运动信息与遗传密码”[③]。这与作家正面描写“中国制造”不无关系。在该小说中，令人震撼的不是贫苦农民出身的主人公王龙最终发迹，而是他和妻子阿兰经历从丰衣足食的丰年到一无所有荒年之间的巨变。当他们用辛勤耕耘迎来丰年之际，怀抱感激之情的王龙给两尊土地庙神像做了纸衣服，喜悦的阿兰在给头生子做好象征健康成长的红衣服和虎头鞋之后，还给自己和丈夫添置了新

① 庄士敦.紫禁城的黄昏[M].陈时伟，译.北京：求实出版社，1989：163.
② 庄士敦.紫禁城的黄昏[M].陈时伟，译.北京：求实出版社，1989：278.
③ 徐晓霞.赛珍珠纪念文集[M].长春：吉林文史出版社，2003：56—64.

衣，并用猪油、白糖和米粉制作年糕送给黄家老太太等。这些再现传统民俗的“中国制造”饱含勤劳朴实的中国农民对美好生活的向往和不懈追求。而当他们在外乡经历饿殍遍野与兵荒马乱之后重返故土，开始买回犁、锄头、耙子等劳动工具和新门板及盖屋顶的席子等[①]，在被盗抢得只剩下几根桁条和土墙的老房原址上重建家园，则不仅构成中国农民普通家居生活的缩影，还反映了他们不计前嫌，一次次怀抱希望投入人生新征程的博大胸怀。

三、表现社会主义初级阶段进程的当代“中国制造”

自中华人民共和国成立至今，西方作家对逐渐重现中华文明风采的“中国制造”采取了繁复不一的形塑。其中既有像探究“灿烂中华文化真谛”[②]的庄士敦和寻找“东方魅力”[③]的斯诺等人一样，对古老中国文明极为钦佩并大加赞赏者，也有对新中国发展表达质疑。大量虚构线索依旧大大超越文本叙事边界，频频跨界凸显西方作家形塑“中国制造”的人文视野和思想观念。

美国意象派诗歌的代表人物庞德是钦佩中国传统文化的一个典型。年届花甲的庞德翻译了《诗经》“四书”和李白、王维

① 赛珍珠，大地[M]. 王逢振，译. 南昌：江西美术出版社，2008：83—84.

② 庄士敦. 紫禁城的黄昏[M]. 陈时伟，等译. 北京：求实出版社，1989：1.

③ 斯诺. 红星照耀中国[M]. 董乐山，译. 北京：人民文学出版社，2016：212.

及陶渊明等著名中国诗人的诗歌。诗人艾略特后来称庞德为“我们时代中国诗歌的发明家”[①]，既让人想起庞德再现中国古代儿童玩具“竹马”的《长干行》等译作里的中国发明创造，又将他为自身开启人生新境界的举动纳入向东方寻求智慧，以解决西方问题的“英美文学传统”[②]。

英国小说家戈尔丁的《特殊使节》(1957)延续了向东方转向，以及视“中国模式为世界文明典范”的传统[③]。在该小说中，古罗马皇帝恺撒面对走向没落和纷争迭起的帝国末日情形无计可施。在意外侥幸地挫败一场险恶的宫廷政变之后，他与众人一起想象建立抵挡蛮族入侵的“哈德良长城”等，并计划派遣已造出先进轮船和压力锅的希腊发明家去中国做特使。“到中国去”的小说结尾[④]既为恺撒提供了一个以高度发达的古代中国文明，来解决其心目中乌托邦理想社会困境的方案，又使文本自身提出了一个有关“人性、理性、平等与科学理想的大杂烩”，或者是建立一个古罗马版“地球村”的设计蓝图和文明倡议。在中西方缺乏对话的战后冷战高峰期，信奉文化救世的作

① Jay Parini，Millier Brett. The Columbia History of American Poetry[M]. Beijing：Foreign Language Teaching and Research Press，2004：285.

② 张剑.《北京即兴》、东方与抗议文化：解读艾伦·金斯堡的“中国作品”[J]，外国文学，2014(3)：128.

③ 张剑.《北京即兴》、东方与抗议文化：解读艾伦·金斯堡的“中国作品”[J]，外国文学，2014(3)：128.

④ William Golding. The Scorion God: Three short Novels[M]. London：Faber and Faber Ltd.，1973：176—178.

家似乎将“到中国去”转化为一道东西方对话的桥梁，使文本字里行间巧妙地奏响融合不同文明发展，以及提倡人性和反战反暴力的文明社会主旋律。这为小说叙事格局最终传输“人文主义思想应当如何拯救人类”[①]等极具现实思考意义的话题做出了铺垫。

与《世界的业》中所提及“秦始皇兵马俑”等中国古代高超文明标志相比，金斯堡的《一天早晨，我漫步中国》《读白居易抒怀》等纪实性中国组诗在表现诗人试图用“戏谑方式”，表达其“思想结构中浓厚东方色彩”[②]的同时，说明他深刻地认识到改革开放前期“中国制造”的现状。

一些美籍华裔作家也站在西方的视角书写了“中国制造”。其中引起较多关注的有张纯如和张彤禾笔下的中国导弹之父《钱学森》（1995）和《甲骨文》（2011）等。但谭恩美的《喜福会》（1989）仍然为人们津津乐道。该小说叙事者通过艺术性描写林阿姨和安梅阿姨从美国带着录像机、电视机、电冰箱甚至糖果、服装回中国探亲[③]，从日常生活侧面反映了当时中国工业制造的匮乏与不足，并让人想起计划经济时代的中国人曾经视自行车、缝纫机和手表等为奢侈品，以及许多中国家庭在80年

---

① Dick Bernard. William Golding[M]. Boston: Twayne, 1987:93.

② 张剑.《北京即兴》、东方与抗议文化:解读艾伦·金斯堡的“中国作品”[J],外国文学,2014(3):125.

③ 谭恩美.喜福会[M].李军,章力,译.北京:外语教学与研究出版社,2016:24—25.

代之后才逐渐拥有彩色电视机等。

而《喜福会》中第一人称叙事者的母亲在四处逃亡和躲避日寇的抗日战争期间，不得已抛弃让她引以为豪的中国红木家具[①]，甚至双胞胎女儿[②]，以及四个女性人物经常聚会打麻将的场景则聚焦传统“中国制造”。其中起源于殷纣王之前的麻将如同奥登眼里“恰似画笔”[③]的中国筷子，不仅早已在许多国家流传开来，而且是中华传统文化宝库的一个重要组成部分。而麻将中的图形、数字、季节、风向或方向等则充满人类认知智慧，凝聚着华夏先祖对吉祥如意和财源广进等幸福人生的祈祷祝愿，更集益智趣味及博弈于一体，能够促进人际交流和情感联络[④]。

《喜福会》的叙事者叙述其母亲在经历痛失亲人和房屋财产等人间惨剧之后，想方设法寻开心，并特地将她移民美国后的聚会命名为“喜福会”[⑤]，实质上还借麻将所关联的传统祝祷寓意，表达了一群迫不得已离开故土的美籍华裔女性依靠熟悉的家乡游戏来交流情感，抒发思乡情怀和消解对他乡生活抑郁不满的思绪。而多个人物回中国探亲和频繁在打麻将时不由自

① 在赛珍珠的《情断北京城》里，中美混血儿杰洛德的美国妻子也念念不忘留在北京家里的红木茶几。

② 谭恩美.喜福会[M].李军，章力，译.北京：外语教学与研究出版社，2016:9.

③ 奥登，衣修伍德.战地行纪[M].马鸣谦，译.上海：上海译文出版社，2012:32.

④ 李雪颜.麻将博弈：古代博戏文化[M].北京：中国社会出版社，2009:2.

⑤ 谭恩美.喜福会[M].李军，章力，译.北京：外语教学与研究出版社，2016:10

主地怀旧却显然与周围西方文化和时代潮流格格不入。这注定她们将与必须融入美国社会才能更好生存发展的子女之间产生深刻而又无法跨越的文化隔阂，并导致以“我”为代表的华裔二代时常站在自家家庭之外的普通美国人立场上，对家庭内部中美文化融合的假象做出“对中国自觉的东方主义展示”①，甚至暗自对中国未来发展产生抵触质疑和臆断推想，但却难以真正形成对中国优秀文化的历史自觉。

四、结语

萨义德指出，如果我们把文学虚构与社会现实进行“对位阅读”，就能够看到文学作品并非单纯的文字构建，而是浸润了政治和历史的文本，具有自身的“重叠经验”与“特殊性”等②。西方作家笔下有关“中国制造”的文学作品正是这样的文字建构或文本。将这些大到建筑、船只、火车、火炮和汽车，小到丝绸、瓷器、茶叶、玩具、农作物甚至各种食品的“中国制造”与社会现实进行“对位阅读”，会发现西方作家的虚构无不超越其文本叙事的边界，生动地阐释了“对位阅读”的现实意义。

西方作家对古代“中国制造”的书写基本呈现向褒扬一边

① 潘军武.中国故事创造的融合假象——《喜福会》的重新解读[J].广东外语外贸大学学报,2005(2):35—37.

② 萨义德.文化与帝国主义[M].李琨,译.北京:生活·读书·新知三联书店,2003:90.

倒的大趋势，表现了我国在秦汉、唐宋及明清鼎盛时期政治体制、经济格局和文化发展等领域遥遥领先的无穷魅力。而在晚清民国与中华人民共和国成立初期乃至改革开放前期的近百年来，西方作家对处于文明低谷的“中国制造”形塑则表现出较大波动。少数作家虽然对中国灿烂文化传统表达了仰慕，并深深同情中华民族所面临的巨大灾难及困苦。在社会主义建设初级阶段，西方作家对“中国制造”的形塑则毁誉参半。近年来，随着我国整体实力的快速上升和当下国际上“中国概念”的流行，热衷于讲中国故事的西方作家越来越多。“中国制造”也如同旅美捷克女作家戴克特在《Jin-Shei 的秘密》（2004）里所描写八个中国女子在特殊语言环境中成长的故事一样，正经历各种嬗变。

诸多“中国制造”形象无不隐含西方对古代、近代和当代中国社会褒贬不一的接受心态，既在某种程度上真实反映我国社会历史的发展进程，同时又极大超越其中历史叙事的边界，表现出西方作家对中华民族国家意识的生产。这恰恰应该是我们关注“中国制造”的重要意义所在。原因在于，“民族国家意识的产生过程一直是在设定语言、物质、文化、虚构和视觉等各种边界。这是在创造并保持与外国的差别，是在创设范畴来超越或弄清国内的歧异之处”[①]。古罗马皇帝查士丁尼在看到柔软舒适且华丽高贵的中国丝绸成为上层人士一种不可或缺的日

① 葛凯.制造文明：消费文化与民族国家的创建[M].黄振萍，译.北京：北京大学出版社，2007：279.

用品之后，曾对波斯人从海上和陆地垄断这种商品，商队则需要从中国海跨越整个亚洲花费大半年时间抵达欧洲而深感不安[①]，也足以解释民族国家意识的重要性。因为查士丁尼眼里的丝绸不仅代表一个国家在种植和纺织制造等经济领域的水平，其背后还密切关联该国与相关国家的外交、文化、经济、政治甚至军事交往。

西方古人尚且如此，对于历史悠久和被外族屡屡入侵打上惨痛烙印的当代中国人而言，建立和加强民族国家意识尤为重要。我们在为西方作家笔下古代“中国制造”的形塑再现我国开化先进的农业社会历史深感骄傲和自豪的同时，既要牢记他们笔下的近代“中国制造”凸显了我国陷入半殖民半封建地灾难的历史，也要对其表现我国进入社会主义初级阶段的当代“中国制造”保持警觉。因为西方作家对“中国制造”形塑的百年变迁史说明，“中国制造”既密切关联西方社会企图在近现代与当代对中国文化殖民或渗透的复杂心态，也同时在一定程度上反映其对我国政治、经济、文化和军事等领域普遍持有的东方主义异化逻辑。其中许多反映文本历史叙事的越界现象都有现实的影子，值得我们深思。

① 吉本.罗马帝国衰亡史：上册[M].黄宜思，黄雨石，等译.北京：商务印书馆，1997：200.

后　记

美国著名认知诗学学者弗里曼（M. Freeman）曾指出，“All cognition is primarily emotional.”。这种将所有认知都主要归于某种情感的说法虽然有过于绝对之嫌，但却能够说明情感对于虚构叙事来说，具有举足轻重的意义。因为再现和重叙日常生活及社会现实的文学作品离不开情感反映，这是以人物情感与信仰、情感与各种纷争见长的传统情感叙事学久盛不衰的一个根本原因。甚至可以说，人们对情感愈发深刻的运用和认知还催生了情感生态批评、情感地理学批评、情感历史主义、情感地缘政治学及情感心理学等相关学术话题的兴起。

为此，在科技飞速发展，关注人工智能和机器能否思考、创作乃至取代人类的人员越来越多，而人类却显得越来越渺小且微不足道的当下，聚焦文学作品中充实饱满而又曲折复杂的情感叙事，来反观人类因日益忙碌而缺乏情感或扭曲情感的现实生活，不失为理解作家作品的一个有效路径。

本书第一个聚焦点是家庭叙事及其情感反映，主要试图从《奥赛罗》中男女主人公的爱情悲剧，世界流行童话故事《白雪公主》对继母形象的刻画，《死者》中的家庭圣诞聚会描写等三个方面，探索家庭叙事所反映的复杂夫妻情感和种族矛盾、母女情感与情敌之间的斗争冲突、长辈的好客与晚辈的沉思，以及真正爱国者的家国情怀等。

社会历史文化叙事是本书第二个聚焦点，以乔伊斯的《姐妹》《伊芙琳》两部短篇小说，艾伦·金斯堡的《嚎叫》《加利福尼亚超级市场》等诗歌作品，弗吉尼亚·伍尔夫的《墙上的斑点》，杰克·伦敦的《马丁·伊登》《野性的呼唤》等小说文本为讨论对象，探索20世纪中前期的文学作品所表现的意象特征和叙事构思，及其对传统的批判与决裂等。其目的在于，揭示作品日常生活叙事当中不仅孕育着丰富的社会历史及文化信息，而且是作家对其进行深刻洞察和细致思考后做出的情感反馈。

美学哲学篇中的作家与作品审美叙事及哲理叙事等是本书第三个聚焦点，也是本书第三篇的主要内容。该篇从哈佛大学出版社主编林赛·沃特斯对当代审美及其体验的反思，欧美大量诗歌作品对西方传统宇宙论中关于时间概念哲学阐释的诗意再阐释，以及欧美作家长期以来对“中国制造”形象的形构等，探讨当代新审美批评派的美学观、时间概念的诗意嬗变和“中国制造”形象所表现的民族国家意识等。

美国康涅狄格大学英语和比较文学教授帕特里克·克姆·霍根（Patrick Colm Hogan）以《情感叙事学：故事的情感结构》（*Affective Narratology: The Emotional Structure of Stories*, 2011）等著作闻名于当下美国学术界。他指出，如果一部文学作品是成功的，那么它带给读者的必将是某种复杂的情感体验，并与其叙事内容密不可分。本书所讨论作品显然均属此列，而帮助读者更好地获取其中所传递的情感信息，实现更多的个体情感体验，则是本书希望所在，衷心以此飨读者！

韦　虹

二〇二一年十二月十二日夜